김수종 칼럼

지방이 살아야
대한민국이
산다

서 문

서문

지역이 바로서야
후손에게 부끄럽지 않을 것 같다.

사실 고향 이야기를 글로 쓰는 것만큼 부담스러운 작업은 없는 것 같다. 잘 쓰면 시원하다고 말할 것이지만, 조금이라도 거슬리는 것이 있으면 고향에 살고 계신 부모 형제까지 욕을 먹게 되는 일이 발생하기 때문이다. 다시 말하자면 본전도 찾기 힘든 일이다.

그렇다고 해야 할 말, 하고 싶은 말을 하지 않고는 참을 수 없는 소양인(少陽人)성격을 타고난 사람이라 어쩔 수 없이 글을 쓰게 되는 것 같다. 영주 이야기는 역으로 전국에 있는 많은 중소도시에서도 비슷하게 적용되는 사례들이다.

가까운 문경, 상주, 안동, 김천, 멀리는 전라도 군산, 나주, 순천, 목포, 강원도 강릉, 평창, 충청도 음성, 아산, 홍성 등등. 이런 중소도시의 현실과도 맥을 같이 한다. 사실 이런 중소도시가 다시 살아나야 대한민국이 다시 일어날 수 있다.

정말 서울민국이 바로 대한민국인 나라에 우리는 살고 있다. 지방이 죽으면 결국에는 서울도 죽고 대한민국도 죽는 게 현실이다. 다들 현실을 너무나 잘 알고 있으면서도 방관하거나 포기하고 살고 있는 것 같다.

그래서 나는 경제가 살아야 나라가 산다는 말보다는 지방이 살아야, 특히 지방정치가 살아야 나라가 산다는 말을 좋아한다. 정말 지방이 살아야 특히 지방의 정치인들이 바로 서야 나라 전체가 바로 설 수 있다. 그들의 지역을 움직이는 핵심들이기 때문이다.

그들을 바꾸는 일은 결코 쉽지 않은 일이다. 어쩌면 우습게 알고 지나치기 쉬운 일이다. 뿌리가 다시 살아나고 지역이 살아야만, 대한민국이 도약할 수 있는 기틀이 마련된다. 물론 그 누구도 쉽게 해답을 찾지 못하고 있는 것 또한 현실이다.

지난 수십 년 동안 잘못되어온 것이 어디 쉽게 치료가 되겠는가? 하지만 다양한 고민과 함께 많은 사람들이 토론하고 새로운 일을 만들어 간다면 해결방안은 있을 것으로 보인다. 이 책은 지난 4~5개월 동안 영주에 관한 이야기를 집중적으로 쓴 성과물이다.

지역 정치에서부터 도시재생, 농업, 관광 등 나름의 생각을 정리했다. 특히 풍기 욱양서원 복원 필요성과 영주댐을 없애는 문제는 당장이라도 해야 할 큰일처럼 보인다. 물론 쉬운 일은 없다 하지만, 후세에 부끄럽지 않으려면 반드시 남이 아닌 내가 해야 할 일이기에 글로 주장하는 것이다.

마지막으로 책 발간을 지원해준 박민근 교수와 출판사 임직원 여러분들에게도 감사드린다. 한심하고 답답한 사람이 쓴 지역의 작은 이야기를 책으로 출간할 수 있도록 도와준 여러분들에게 무엇으로 보답을 해야 할지 잘 모르겠다. 그저 감사할 따름이다.

2018년 4월 비상하는 시간에
석류나무 숲(榴林)을 사랑하는
不肖 김수종 拜上

목차

서문-지역이 바로서야 후손에게 부끄럽지 않을 것 같다.　　　　6

1. 풍기 육양서원(郁陽書院) 복원은 국가의 임무다.　　　　14
2. 영주의 100년 먹을거리는 역사문화와 함께하는 관광산업육성　　　　22
3. 역사문화관광사업의 기본은 먹을거리에서 시작　　　　30
4. 따뜻한 감성이 느껴지는 영주, 그리고 종가`선비음식　　　　35
5. 영주시의 근대문화유산이 관광자원이 된다고?　　　　39
6. 등록문화재가 되어도 재산상 손해는 없다.　　　　45
7. 우리 집을 근대문화유산으로 지정받고 싶다면?　　　　52
8. 정체된 고착형 축소 도시, 영주의 발전적 도시계획　　　　60
9. 자유로운 토론문화가 넘치는 영주가 되었으면　　　　68
10. 복지사회를 지향하는 공동체회복운동이 필요　　　　74
11. 재건축 초과이익 환수로 진정한 도시재생이 되어야　　　　80
12. 나는 난개발보다 모두가 행복한 영주를 꿈꾼다.　　　　90
13. 유럽 뒷골목처럼 걷기 편하고 살기 좋은 영주 만들기　　　　97

14. 지방소멸의 시대, 매력 있는 동네엔 사람들이 제 발로 찾아온다. 103
15. 남원천변에서 풍기읍내로 풍기인삼축제행사장 이동 113
16. 영주풍기인삼축제 농민들이 홍보를 주관하면 어떨까? 120
17. '인삼세계엑스포' 영주에 유치한다고? 왜 126
18. 시민복지와 행복을 위한 시민참여예산위원회 133
19. 새로운 사업계획보다는 차분히 정리하는 것도 정치 140
20. 일보다는 언론홍보와 기념촬영에 바쁜 정치인들 146
21. 지역 이름 이외에 농`특산물 브랜드를 만드는 것 자체가 예산낭비 153
22. 아동 및 어르신에 편해야 살기 좋은 농촌 중소도시 160
23. 봉화군은 베트남타운을 만들고, 농민들에게 월급도 준다는데? 167
24. 앞으로 영주`봉화는 청백리 교육 프로그램 개발이 살길이다. 179
25. 영주도 이제 시립연극단 하나는 만들어야지 185
26. 덴동어미 화전가, 순흥초군청놀이 대박 행진을 기원하며 190
27. 오직 시민만을 바라보는 행정으로 탈바꿈했으면 좋겠네! 197
28. 대학까지 의무의료, 무상교육 시행하면 출산은 늘어난다. 206
29. 소득 불평등 해소와 대학 무상교육이 미래대안이다. 213

30. 무섬마을 주민들에게도 수익이 더 돌아가야 삶이 신난다.　　　221
31. 지역신문을 자주 읽고 분석하면서 고향을 읽는 방법　　　228
32. 영주 판타시온리조트 해결책은 있다　　　237
33. 단순히 인구비례로 의원을 선출하는 방식은 문제가 많다.　　　245
34. 영주실내수영장 강습회원 600명 모집, 민간위탁경영 꼼수(?)　　　254
35. 영주적십자병원 적자보전대책과 한도를 밝혀야 한다.　　　261
36. 지역공생순환경제를 통하여 돈이 지역에서 지속적으로 잘 돌아야　　　271
37. 꽃잎 넣고 인공 향 첨가, 맛은 과일로 내는 꽃차 개발　　　277
38. 영주댐을 없애고, 내성천 모래밭에 내수욕장을 만들자!　　　282
39. 정당70%`인물20%`공약10%, 최교일 의원 살길은 공천에 달렸다.　　　289
40. 무소속 출마와 정당공천의 차이는 무엇일까?　　　296
41. 정말 공천이 중요한데? 말이지요　　　303
42. 영주시 첨단베어링산업 클러스터조성, 김칫국물은 천천히 마셔도 된다.　　　309

추천사　　　320

1. 풍기 욱양서원(郁陽書院) 복원은 국가의 임무다.

선비의 고장으로 알려진 영주에는 이름 있는 학자 가운데 금계(錦溪) 황준량(黃俊良)선생이 계시다. 금계는 평해 황씨 집안으로 퇴계 이황(李滉)선생의 문인이었다. 어려서부터 재주가 뛰어나 신동으로 불렸다.

과거에 급제한 후 1557년에는 단양군수, 1560년 성주목사로 4년간 재임하다 1563년 병으로 낙향하던 중 예천에서 세상을 떠났다. 문집으로 〈금계집〉이 있으며 욱양서원(郁陽書院)과 백학서원에 제향됐다.

금계에 대한 기억 중에 현재 남아있는 유산은 풍기읍 금계로에 있는 금양정사(錦陽精舍)와 사당인 욱양단소(郁陽壇所), 금선정 정자 정도이다. 금계는 젊은 나이에 대 선배인 신재 주세붕 선생과 '도동곡'을 둘러싼 경기체가 논쟁을 벌였다. 소수서원이 초시 급제자로 입학 자격을 제한한 방침을 비판하면서도, '사문입의'를 정해 소수서원의 운영 방안을 마련했다.

단양군수로 재임 시에는 단양진폐소(丹陽陳弊疏)로 피폐한 단양을 살렸다. 금계는 단양주민들의 하소연을 들은 뒤 "관(官)은 백성을 근본으로 삼아야 하는데 여러 폐단 때문에 우리 백성이 살아갈 수 없으니 어떻게 관아라 할 수 있겠느냐"고 탄식하고는 임금에게 올리는 상소문을 썼다.

"흉년이 들면 도토리를 주워 모아야 연명할 수 있습니다"와 같은 내용으로 처절하고 고단한 백성들의 삶을 보여주고 그 해결을 위한 방책을 제시하였다. 해결 방책을 세 가지로 상책, 중책, 하책의 정책 대안을 제시했다.

상책으로 10년의 기간 동안 모든 부역과 조공의 면제를 제시했고, 중책으로는 단양군을 없애고 원주에 귀속시켜 아직 살아남은 백성들을 다른 고을로 옮기기를 제안했다. 이 두 가지 정책대안이 안 되면 꼭 해야 할 하책을 제시했다.

하책에는 구체적으로 10가지 항목을 들고 있다. 하나하나가 모두 백성들을 고통으로부터 구해줄 수 있는 좋은 방책이었다. 목재, 종이, 산짐승, 약재, 꿀 공납(貢納) 등 열 가지의 폐단을 일일이 나열하며 그것을 없애줄 것을 간곡히 청했다.

당시 명종 임금은 "임금을 사랑하고 나라를 걱정하지 않음이 없으니 내가 매우 가상하게 여긴다"며 10년을 한정해 20여 가지 공납과 세금을 특별히 감면했다. 이런 대단한 목민관에 학자였던 금계를 사랑한 스승 퇴계는 금계가 죽자 '선생(先生)'이라고 그의 명정(銘旌)에 썼는데, 스승이 제자에게 곧바로 선생이라 일컬은 것은 선비 세계에서 처음 있는 일이었다.

제자의 행장을 쓴 것은 하나의 큰 사건이었다. "아, 슬프다 금계여!… 어찌 생각이나 했을까! 영결하는 말이 부고와 함께 이를 줄을! 실성하여 길게 부르짖으니 물이 쏟아지듯 눈물이 흘렀다네. 하늘이여! 어찌 이리도 빠르게 이 사람을 빼앗아 가시나이까…."라며 "운명하던 날에 이르러서는 이불과 속옷 등이 구비되지 않아 베를 빌려 염(殮)을 했는데 의류가 관을 채우지 못했다. 그런 뒤에야 사람들이 그의 청빈함이 이와 같아서 거짓으로 꾸며 스스로 세상에 드러내지 않았음을 알았다"고 했다.

문사로서 금계가 남긴 한시는 1,000수에 가깝다. 물론 다른 논쟁적인 글도 남겼다. '균전의(均田議)'는 그가 경제개혁에도 관심이 지대했음을 보여 주며, 빈부격차를 줄이고 농민이 토지를 지키기 위해서는 반드시 정전제를 실시해야 한다고 주장했다.

'청혁양종소(請革兩宗疏)'에서는 불교의 폐해를 지적했다. 금계는 "천민으로서 노역을 싫어하는 무리나 사대부 자손으로서 무식한 자들이 다투어 중이 되는 일을 영예롭게 여기고, 점차 그 흐름을 좇아 마침내 안락만 추구하고 고된 일은 회피하는 지경에 이르렀다" "모두 유행을 따라 산으로 들어가 나라는 텅 비어가고 있다"며 불교로 인한 군사력 결손 문제를 제기했다. 그러면서 문정왕후의 비호 아래 부활된 승과(僧科)를 폐지하라고 주장했다.

또한 금계 학문의 기본은 경세치용(經世致用)이다. 학문과 교육과 행정업무가 상통하여야 한다고 봤다. 선비가 세상에 태어나서 학문을 익히고 경세치용으로 백성들을 위한 유익한 사업을 펼치는 것이 그 본령이라고 보고 실제 자신도 죽을 때까지 실천했다.

학문은 세상에 적용하여 효험이 있어야 하며, 자신을 돌이켜 보며 끝없이 탐구하며 실천을 해야 한다고 했다. 세상에 적용되지 못하고 실제 써먹지 못한 점의 문제를 날카롭게 지적했다. 또한 벼슬살이하며 지켜야 할 '거관잠언(居官四箴)'을 정하고 잠언마다 실천 방법과 의의를 4언 절구 8행시로 다짐했다.

거관사잠은 "청렴으로 자신을 지키고, 사랑으로 백성을 대하며, 마음은 공익에 두고, 부지런히 일하라"는 내용이다. 욱양서원은 1662년(현종3)에 지방유림의 공의(公議)로 이황과 황준량의 학문과 덕행을 추모하기 위해 창건하여 위패를 모셨다.

선현 배향과 지방교육의 일익을 담당하여 오던 중 대원군의 서원철폐령으로 1868년(고종5)에 훼철된 뒤 복원하지 못했다. 이후 건물은 한국전쟁 당시에 국군에 의해 작전상 소개(疏開)되었고 1980년대 욱금리에 농업용 저수지가 생기면서 수몰되었다.

놀라운 것은 욱양서원은 인재 선발방식 등에서 소수서원과는 정반대였다는 것이다. 소수서원이 입학자격을 과거시험에 대비해 초시 급제자로 제한한 데 비해 욱양서원은 실사구시(實事求是)와 인격도야를 더 중시하는 개방형이었다.

당시로는 보기 드물게 교육개혁을 실천한 서원이다. 아쉽게도 지금은 금양정사와 옆에 사당인 욱양단소를 설치하여 봄가을 제사를 올리고 있을 뿐이다. 오늘날 다시 금계가 세운 욱양서원을 복원해야 하는 이유는 몇 가지 있다.

우선 소수서원과 달리 인격도야를 중시했던 개방형 교육이 이 시대에도 꼭 필요한 방식이다. 그리고 새가 양 날개로 날 듯 소수서원과 함께 풍기를 대표하는 서원이었다는 점이다. 또한 단양 진폐소 상소를 작성하여 단양군민을 구하는 등 이 시대에도 공무원의 표상이 될 만한 인물이다.

여기에 거관사잠을 통하여 공무원들의 삶의 방식과 태도를 알려주기도 했다. 여기에 운명하던 날에 이르러서는 이불과 속옷 등이 구비되지 않아 베를 빌려 염을 했는데 의류가 관을 채우지 못했을 정도로 청렴했다는 것은 누구든 배워야할 선비의 덕목이다.

청렴하고 바르고 인격도 훌륭한 선비에 목민관이었던 그는 학교를 세워 과거급제보다는 인격도야를 중시하는 듯 학문하는 자의

001 풍기 욱양서원(郁陽書院) 복원은 국가의 임무다.

기본을 잘 보여주었다. 마지막으로 욱양서원은 전시에 아군이 작전상 불태운 것이다.

따라서 작전상 불가피했다고 해도 전쟁 후에 정부가 보상하는 것이 맞다. 지금이라도 보상차원에서 정부 정치인이 복원을 주도해야 하며, 하루라도 빨리 금양정사 인근에 복원하여 다시 강학(講學)이 꽃피는 서원으로 자리 잡을 수 있도록 해야 한다.

2. 영주의 100년 먹을거리는 역사문화와 함께하는 관광산업육성

오는 2018년 6월 13일 수요일에는 '제7회 전국동시지방선거'가 열린다. 시도지사는 물론 시장군수, 시도의원, 시군구의원 선거가 일시에 치러진다. 수많은 예비후보들이 뛰고 있고, 선거 당일의 결과에 따라 당락이 결정되는 상황이 벌어질 것이다.

나는 성인이 된 이후에 벌써 30년 동안 수많은 선거를 지켜보았고, 상당수의 후보자 및 당선자를 직간접적으로 만났다. 때로는 후보자들의 정책을 돕기도 했고, 선거운동을 도와주기도 했다. 학창시절에는 출마하여 스스로 몇 달간 선거운동을 하기도 했다. 총학생회 일도 1년 반 넘게 했다.

이런 다양한 선거 경험을 통해서 보면, 나름 고민이 되는 후보와 그에 대한 판단이 서는 것이 사실이다. 보통 한두 시간 정도만 만나서 이야기를 해보면 그 후보가 얼마나 고민이 많고 준비를 했는지 알 수 있는 경우가 대부분이다.

때로는 국회의원 후보임에도 불구하고, 지역에 대한 내용을 너무 모르는 사람을 만나기도 했다. 30년 넘게 지역에 거주하면서도 거리는 물론 동선과 인물, 지역에 있는 중요 현안에 대해서 잘 알지 못하는 사람을 만나기도 했다.

출마와 공천에 필요한 기본적인 자기소개서와 공약도 스스로 준비 못하는 경우도 많이 보았다. 그래서 뜬구름 잡는 공약이나 정책을 남발하면서 대안도 고민도 없는 말만을 하는 사람도 만나기도 했다.

왜, 그런 일이 발생하는 것일까? 바로 국민이 그들의 앞에 없기 때문이다. 정책이나 공약이 주민을 위하는 것이 아니라, 정당 공천과 당선에만 목표가 있기 때문인 것이다. 지역을 연구하고 공약을 만들고 실천하는 문제보다는 그저 공천을 받아 당선이 되면 그만인 경우가 많기 때문이다.

때로는 일은 안하고 언론홍보에만 관심이 많아, 기자회견과 보도 자료만 남발하는 사람도 볼 수 있어 안타까울 뿐이다. 아무튼 답답한 현실을 정치세계에서는 자주 발견할 수 있는 것이 현실이다.

2018년 지방선거에서 고향 영주에서 출마하는 후보들에게 드리고 싶은 말이 몇 가지 있다. 오늘은 우선 한 가지만 말하기로 하자. 자연유산과 문화유산이 많은 영주가 앞으로 100년도 살 수 있는 먹을거리는 문화관광에 있다고 본다.

크게 보면 소백산, 부석사, 소수서원, 무섬마을, 삼판서 고택 등등 수많은 자연유산과 문화유산이 있다. 아울러 근대문화유산으로는 영주제일교회, 옛 부석면 사무소, 옛 이산 우체국, 내매교회, 지곡교회, 문수역, 철도청 옛 영주시 운수역사, 풍국면 정미소, 부석교회 구 본당, 148아트스퀘어, 영주역 등등 많은 볼거리가 있다.

이런 자연유산과 문화유산, 특히 내가 요즘 주목하고 있는 것은 우리 생활 곁에 있는 근대문화유산에 대한 관광자원화가 중요한 것 같다. 물론 이런 모든 것들을 관광자원화하기 위해서는 더 많은 고민이 필요하다.

우선 시청 조직을 관광국 신설과 이를 중심으로 개편하는 것과 기존의 부석사, 소수서원 등 국보보물급 문화재 중심의 해설 구조에서 근대문화유산에 대한 도보답사와 버스투어 프로그램을 만들어 내는 것도 중요하다.

그러기 위해서는 문화관광해설사를 현재의 2~3배 정도 증원하는 것도 필요하다. 여기에 외국어가 가능한 외국인 해설사 혹은 외국어(영어 중국어 일어 노어 등등)에 능통한 해설사의 육성도 장기적으로 필수적인 요구사항이다.

아울러 체험과 숙박이 되지 못하는 영주의 구조에서 장기여행이 가능한 숙박시설의 확충과 체류형 관광이 될 수 있을 정도로 다양한 볼거리, 체험 프로그램을 만들어내는 것이 중요하다.

여기에 문화예술인들이 상주할 수 있는 문화예술인 창작촌 건설과 창작지원기금 등을 통하여 지역에서 활동할 수 있는 풍토를 만들어 내는 것이 필요하다. 시인이나 소설가 등이 영주에서 창작활동을 할 수 있도록 지원하는 것과 화가는 물론 연극배우, 공연자들의 귀촌을 돕는 프로그램도 필요하다.

수시로 전시나 문화공연이 열리고, 축제장에도 외지에서 불러오는 문화행사에서 벗어나 지역에서 활동하는 문화예술인들이 지역에서 합리적인 대우를 받으면서 공연하고 전시할 수 있는 공간을 만들어 주었으면 하는 것이다.

그래서 나는 2016년에 만들어진 '영주문화관광재단'에 대한 기대가 크다. 물론 아직 출범 초기라서 영주문화관광재단에 대한 말들이 많지만, 방향은 우선 올바르다고 보는 것이다. 재단이 해야 할 일도 갈 길도 무척 멀지만, 응원하는 바이다.

3. 역사문화관광사업의 기본은 먹을거리에서 시작

일 년에 대략 20번 내외로 국내외 여행을 다니는 나는 사실 어디를 가도 흥미롭고 재미있다. 그래서 무작정 가는 것을 좋아하고, 즐기는 편이다. 그래서 지난 10월에는 일본 2번, 충남에 1번, 경북에 1번 여행을 다녀왔다. 간혹 당일치기로 서울산책을 하는 것까지 포함하면 횟수는 더 많다.

아무튼 여행에서 가장 기본적인 사항이 먹고 자는 것이다. 오가는 교통편과 이동을 하면서 보게 되는 관광지도 감동과 체험과 느낌이 좋아야하는 것은 기본 중에 기본이다. 하지만, 밥 하나를 먹어도 정말 방금한 따뜻한 밥에 정갈하고 맛난 반찬 하나면 충분하다.

그런데 이 정갈하고 맛난 반찬 하나를 만나는 일은 쉽지 않다. "당신의 고향 영주에서 맛난 음식이 무엇인가" 물어보면 사실 나는 별로 할 말이 없다. 그래서 "저는 자친(慈親)께서 해 주시는 배추전과 닭개장이 최고입니다"라고 말할 뿐이다.

스스로 부족한 점도 많지만 정말 생각해 보면 영주를 대표하는 음식은 별로 없는 것 같다. 가끔 먹는 '순흥묵밥'과 '태평추(태평초)'로 불리는 묵과 돼지고기 두루치기가 있다. 닭과 풍기인삼이 만난 '삼계탕'이 있을 것이다.

누군가가 즐겼다는 통닭의 뱃속에 도라지, 천초 등을 넣고 갖은 양념을 한 후, 식초 또는 술을 조금 넣고 중탕하여 만든 음식인 '칠향계(七香鷄)'가 있다는 말을 들었다. 그리고 예전에 무섬마을에서 여러 가지 나물과 고기 따위를 섞고 갖은 양념을 넣어 비벼 먹는 비빔밥인 '골동반(骨董飯)'을 먹은 기억이 있다.

그리고 안동과 영주에서 서로 원조라고 우기고 있지만, 이미 안동에 주도권을 잃은 '간고등어'와 아직도 서로가 힘겨루기를 하고 있는 '문어숙회'가 있다. 아무튼 음식을 못하기로 소문난 경상도에서는 특히 맛나다고 알려진 음식이 거의 없는 편이다.

근자에 영주시와 경주현대호텔이 손잡고 호텔 요리로 개발한 이산면 예안 김씨 집안 천운정의 여름 별미 '건진 국수' '육말' '육설'과 안정면 귀암 황효공 종가의 '대추화전' '국화채물'이 관심이 간다. 하지만 '건진 국수'를 제외하고는 일상화하여 시중에 상품화하기에는 힘든 품목으로 보인다.

그래서 관광객들이 쉽게 지역의 식당에서 맛볼 수 있는 상품은 별로 없는 것 같다. 나는 영주에 친구들과 가면 순흥묵밥으로 아침을 먹고, 점심은 풍기에는 한결청국장, 저녁은 영주에서 한우 쇠갈비로 하루를 보낸다.

그럼 영주와 멀지 않은 충북 제천은 어떤가? 제천시는 '한방바이오도시' '영화음악도시' '청풍호 호반도시' 라는 세 가지 큰 틀로 관광객의 시선을 잡고 있다. 특히 한방바이오는 산업적인 측면도 있지만, 제천시농업기술센터가 중심이 되어 "몸에 약이 되는 제천음식의 즐거움, 약채락(藥菜樂)"이라는 브랜드를 만들었다.

'건강하고, 즐겁고, 맛있는 제천'이라는 슬로건으로 제천시 대표 음식 브랜드 '약채락'을 성장 육성하고 있다. 제천시와 지역의 식당이 손잡고 매년 약채락 요리 개발은 물론 약채락 24개 업소 모두가 참여한 '약채락 음식 전시, 품평회'를 통해 풍미 가득한 제천의 맛과 함께 건강한 즐거움을 여지없이 선보이고 있다.

약채락 정식, 약초비빔밥, 약초떡, 약채쌈밥, 한방삼계탕 등은 물론 국수, 약채피자, 돈까스, 약곡빵, 한방차, 티테라피 등 각각의 특징을 가진 수많은 업소들의 조금씩 다른 다양한 음식들이 하나의 테마 아래 한 자리에 모여 전시, 품평하고 있다.

시간의 문제일 뿐 장기적으로 보면 "전주하면 '전주 비빔밥', 춘천하면 '춘천 닭갈비'가 연상되듯이, 이제 전국민이 제천하면 '제천 약채락'을 먼저 떠올리는 것이 자연스러운 일"이 될 거라고 생각한다.

영주도 조선시대 진상품인 '소백산 산나물'과 '풍기인삼'을 이용한 영주만의 특색이 있는 음식을 개발할 필요가 있다고 본다. 물론 기존 종가 음식과 결합하여 격과 맛을 갖춘 음식으로 누구나 쉽게 대중적으로 맛볼 수 있도록 하는 것이 중요하다.

이미 지역에 소문난 20~30개 식당을 반드시 포함하고, 영주시와 농업기술센터가 축이 되어 '영주 대표 맛 브랜드'는 만들 준비를 할 시기가 되었다고 본다. 그래서 역사문화관광사업의 기본은 먹을거리에서 시작된다는 것을 다시 한 번 일깨우고 싶다.

선비음식

※ 두려운 마음으로 음식을 준비하고 담박한 식사를 즐기며
고생을 이겨가며 공부하는 것이 선비의 본분이다

선비의 고장 영주는 조선 중종 37(1542년)년에 풍기군수
우리나라 성리학의 선구자 회헌 안향선생이 공부하던
그 이듬해 백운동서원(白雲洞書院)세운 뒤 퇴계 이
상소를 올려 명종5년(1550년)에 "소수서원(
서적·노비·토지를 함께 하사받게 되어

서원에서 배출된 인재가 4,000여명에
소수서원지의 물목을 통해 본 서
"배불리 먹고 마시는 것에 욕하지
담박한 음식 맛을 즐기게 되면
"건시를 1첩 보내니 맑은 샘물이
라는 글귀를 찾을 수 있다

이에 영주시 우리한
서원 물목의 식재료

출처: http://ph.kyongbuk.co.kr/news/photo/201610/974736_253115_2241.jpg

4. 따뜻한 감성이 느껴지는 영주, 그리고 종가 선비음식

영주는 정말 인물이 많고, 볼 것이 많고, 먹을 것이 많고, 자연유산, 문화유산이 넘치는 곳이다. 그래서 영주시 모 공무원은 "농산물 하나로 보자면, 대형마트 속에 들어와 있는 것처럼 특급 농특산물이 많은 고장"이라고 자랑했다.

그런데 아쉽게도 어느 것 하나 모두가 만족하는 100점짜리가 없는 것 같다. 물론 최고로 꼽은 소백산, 부석사, 소수서원, 무섬마을, 영주사과, 풍기인견, 풍기인삼, 영주한우 등이 빠지는 것 없이 훌륭한 것은 분명한 사실이다. 아무튼 무엇인가 부족한 허전함이 있다.

이 정도의 자원이라면 관광객이 넘쳐나고 매년 인구수보다 최고 20~30배는 많은 관광객들이 영주에 방문하는 것이 눈에 보여야 한다. 그런데 현실은 어떤가? 정말 손님을 모시고 가면 우선 숙박할 곳도 마땅하지 않고, 먹고 마시는 것도 고민에 고민해야 하는 상황이다.

오늘 아침은 순흥에서 먹고, 점심은 부석사 앞에서 먹고, 간식은 순흥기지떡이나 영주고구마 빵으로 한 다음, 저녁은 영주한우로 하는 것이 일반적이다. 그런데 무엇인가 빠진 것 같은 느낌이다. 어딘가 허전하다.

영주를 호령하는 종가의 아들도 아니고, 학문이 깊은 선비의 자손도 아닌지라, 무엇하나 영주를 대표하는 음식을 먹어본 기억도 별로 없다. 물론 이런 것을 파는 집도 없다. 안동만 가도 헛제삿밥을 파는 곳이 있다. 간고등어에 헛제삿밥을 먹으면서, 안동식혜로 마무리가 가능하다.

어른들은 안동소주도 한잔 할 수 있는 시간도 공간도 넘쳐난다. 그런데 영주는 뭘까? 있을 것은 다 있다. 영주문어도 있고, 영주 간고등어도 있다. 순흥묵밥이나 돼지묵전골인 태평추(태평초)도 있다. 순흥기지떡에 풍기생강도너츠, 풍기인삼 삼계탕, 내가 좋아하는 배추전과 닭개장도 있다.

그런데 뭐(?)라고 자문하게 된다. 모두를 놀라게 하는 '올킬 메뉴(All kill Menu)'는 없는 것 같다. 왜 그럴까? 다들 너무 잘나서 그런 것 같기도 하다. 맥주 종주국인 독일을 대표하는 맥주가 없고, 김치 종주국에 한국을 대표하는 김치가 없는 것처럼, 소재와 먹을거리가 넘치는 영주에도 영주를 대표하는 음식은 없는 것 같다.

아무리 머리를 짜고 생각을 해봐도 없는 것 같다. 정말 개인적으로 아직 배가 너무 고프다. 만족하지 못하는 측면도 많다. 지역 양반가의 정신을 담은 종가음식과 함께 영주의 치유와 힐링, 정신문화, 역사가 깃든 선비음식도 사실 아직은 갸우뚱하게 된다.

그래서 작은 꿈이지만 종가음식 선비음식을 바탕으로 한참을 기다렸다 먹을 수 있는 영주만의 특별한 음식과 맛 집을 개발하는 것이 바램이다. 중장기적으로는 한국인들은 물론 세계인들이 영주에 더 많이 방문하게 하고, 영주를 경험하고 맛보고 체험하러 오게 하는 것도 중요하다.

정말 영주를 제대로 느끼고 맛난 것도 먹고 멋진 한옥에서 자고 풍기인견도 입어 보게 하는 것이 소중함을 다시 한 번 생각하게 된다. 그리고 여행은 먹는 것과 함께 사람의 정을 느끼고 배우는 것에서 크게 감동하게 되는 일이다.

나는 영주사람들의 정과 인심을 느낄 수 있는 체험여행이 되었으면 좋겠다는 생각을 많이 한다. 사실 영주는 숙박시설이 무척 부족한 곳이다. 정말 잘 곳이 없다. 풍기온천리조트를 제외하고는 큰 숙박시설이 없고, 작은 여관이나 모텔이 전부인 것 같다.

가끔 손님들과 가면 사실은 한옥에서 하룻밤을 유(留)하고 싶은데, 이런 곳도 찾기 힘든 것이 사실이다. 한옥민박을 하는 곳이 있어도, 역시 여성들의 경우에는 화장실과 샤워장에 불만이 많은 것 같다. 이런 상황이라면 정말 별로 대책이 없는 것도 사실이기는 하다.

무섬마을 '전통한옥수련관'과 안정면 남녘마을 '효마루체험센터'가 단체숙박이 가능한 한옥이다. 우리는 작은 한옥이지만, 가족 단위로 숙박하고 싶다. 이런 것도 미흡한 점이 많은 것 같아 아쉽기는 매 한가지다.

무섬마을 '해우당고택'으로 귀향한 전 경향신문 김지영 기자가 아직도 전통을 고수하면서 매일 같이 장작불로 군불을 땐다. 그런 아랫목을 사람들에게 경험하게 하는 것도 중요하다. 이런 소중한 체험을 위해 하루 열사람만 모시는 특별한 추억여행에 최소 몇 달에서 일 년은 기다려야 하는 줄서는 문화도 생겼으면 좋겠다.

아무튼 영주를 대표하는 먹을거리의 개발과 정이 넘치는 오래된 한옥에서 하룻밤을 편히 쉴 수 있는 공간이 조금 더 확보되었으면 하는 마음이다.

5. 영주시의 근대문화유산이 관광자원이 된다고?

최근 영주시에서도 근대문화유산을 '등록문화재'로 등재하자는 목소리가 나오고 있다. 영주에 있는 (사)양백권미래연구원의 연구결과에 따르면 적게는 5곳에서 많게는 141곳까지 근대문화유산이 존재하는 것으로 알려지고 있다. 문화재청에 등록문화재로 당장 등재신청을 해야 할 5곳과 이와 비슷한 급의 문화재적 가치가 있는 곳은 50곳 정도이다.

나머지는 천천히 등재하거나 조금 더 연구조사해서 등재유무를 결정해도 되는 곳을 말한다. 아무튼 141곳이나 된다는 사실은 놀라울 뿐이다. 사실 국보와 보물이 넘쳐가는 영주에서 그동안 등록문화재에 대한 관심이 없었다고 할 수 있다.

물론 등록문화재 제도가 생긴지 10년이 조금 지난 시점이고 보면 그것을 이해하고 요구하는 것이 쉽지만은 않은 일임에 틀림없다고 할 수 있다. 하지만 실재적으로 요즘 사람들의 관심은 재미나게도 대부분 근대문화유산인 등록문화재에 있다는 것이다.

흔히 관광객이 많이 찾는 전라도 목포, 군산, 충청도 대전, 수도권의 인천, 서울, 경남 창원, 강원도 춘천 등에서 관광객들의 관심은 주로 근대문화유산에 있다. 사실 국보와 보물은 접근성에 문제가 있다.

영주에서도 부석사 무량수전은 바라보고 만져볼 수 있지만, 나머지 국보와 보물은 그냥 쳐다보는 것으로 만족을 해야 하는 상황이다. 그런데 사람들이 많이 찾는 관광지에 있는 등록문화재는 어떠한가?

2017년 가을에 갔던 나주의 영산강 하구에 있는 '영산나루'라고 하는 카페는 일제강점기 동양척식주식회사의 문서고를 이용하여 카페, 레스토랑, 공연장, 펜션으로 쓰고 있다. 물론 문서고 하나만을 가지고 이런 시설을 전부 이용하는 것은 아니다.

문서고 주변에 새롭게 카페와 레스토랑을 짓고, 마당도 조경하고, 뒤편에는 펜션을 지은 것이다. 전체적인 건물의 모양과 조경은 고풍스럽게 하여 문서고 분위기를 유지했고, 새롭다는 느낌보다는 오래되고 친숙하다는 생각이 들 정도로 잘 가꾸어 놓은 정원이 있는 가정집 풍경이다.

당연히 찾는 사람들은 차를 한잔마시거나 공연도 보고 밥도 먹고, 며칠 쉬어갈 수 있는 공간이 되어 근대문화유산으로 체험하고 갈 수 있어 친근감이 더한 것이다. 나는 나주에 갈 때 마다 이 곳에서 차를 한잔하고는 쉬었다 오는 편이다. 물론 기회가 되면 이곳에서 숙박도 해보고 싶은 마음이다.

최근 나주에 갔을 때는 나주시 도래마을에 있는 '한국내셔널트러스트 문화유산기금'이 소유 및 유지관리하고 있는 100년 된 한옥에서 하룻밤을 보내고 왔다. 이 집은 문화재는 아니지만, 벽초 홍명희 선생의 선대가 거주했던 풍산홍씨마을 한옥으로, 나주에서도 오래 된 한옥이 많이 남아있는 곳으로 유명한 곳 중에 한 집이다.

이렇듯 나주에는 동척의 문서고를 이용한 카페와 식당, 100년 이상 된 한옥이 즐비한 도래마을한옥에서 숙박이 가능한 집들이 많다. 여기에 나주역이나 나주 경찰서, 남파고택 등등. 오래된 근대문화유산이 지금도 활용되고 있고 사람이 살면서 다양한 형태로 운용되고 있다.

예전 백년이 넘은 남파고택 마당을 걷고, 주인을 만나 담소를 나누면서 차를 한잔 마신 다음, 마당 한쪽에 있는 사랑채를 이용한 식당에서 식사를 했던 기억이 아직도 생생하다. 또한, 군산에서는 수많은 일제강점기 은행건물이 기념관이나 박물관 혹은 카페로 바뀌어 운영되고 있고, 일제강점기 일본인 사찰인 동국사도 현재 조계종이 인수하여 우리 절로 사용되고 있다.

전북 완주군 '삼례문화예술촌' 역시도 사용가치가 떨어진 농협창고를 개조하여 공방, 인쇄소, 창작촌, 전시장, 카페 등을 만들어 문화예술촌으로 활용하고 있는 곳이다. 이런 곳 중에 가장 성공한 곳은 '청주연초제조창' 공장 건물로 폐 공장을 이용하여 복합문화공간으로 만들었다.

과히 '국립현대미술관의 청주관'일 정도로 규모도 대단하지만, 세계 어디에 내어 놓아도 부족함이 없을 정도로 알찬 전시와 이벤트를 하고 있어 각광을 받고 있다. 인천의 경우에는 근대도시답게 근대성을 강조하여 제물포 부근에 있는 은행건물, 청일 조계지 지역 건물, 차이나타운, 근대공장, 근대가옥 등을 문화재로 지정하여 관광자원으로 활용하고 있다.

목포에는 일본영사관 건물이 해방 이후 도서관으로 쓰이다가 현재는 박물관이 되었다. 도서관으로 쓰이던 시절, 목포 학생들은 전망도 좋고 볼 것도 많은 이곳에서 공부하며 꿈을 펼친 것이다. 그러니 당연히 어른으로 성장한 현재의 중장년들이 이곳을 자주 찾는 것은 당연한 이치인 것이다.

지방이 살아야 대한민국이 산다

그럼 영주는 어떤가? 우선 급한 것은 141개의 근대문화유산을 문화재로 지정하는 것이다. 문화재청의 등록문화재로 전부를 지정할 수 없는 상황이라면 당장 급한 것들을 우선하여 지정요청하면 된다. 그리고 나머지는 순차적으로 자료조사와 연구 이후에 지정신청하면 된다. 당장 급한 근대문화유산은 영주시 지정,

혹은 경상북도 지정 문화재로 우선 추진하면 된다.

그리고 영주시와 경상북도 지원 속에 새롭게 문화재로 가치부여와 재생을 위한 고민을 하면 되는 것이다. 지난 2017년 11월 25일 '148 아트스퀘어'로 개관한 영주연초제조창 1층의 경우에도 지속적인 문화예술의 장으로 발전하기 위해서는 등록문화재가 되는 것이 좋을 것이다.

그리고 당장 급한 옛 부석면 사무소와 부석교회 구 본당, 영주제일교회, 풍국 정미소 등도 등재를 서둘러야 할 것이다. 그리고 지정된 등록문화재를 중심으로 영주문화관광자원에 대한 고민과 그 등록문화재를 활용한 산업수요창출, 고용증대 등을 생각해 볼 시점이다.

당연히 문화관광해설사의 확충과 도보 안내를 포함하여 순회버스투어까지를 고민할 시점이 된 것 같다. 물론 문화재를 당장이라도 찻집이나 도서관, 극장, 식당, 공방, 펜션, 갤러리 등으로 이용하는 숙고(熟考)도 필요할 것이다.

6. 등록문화재가 되어도 재산상 손해는 없다.

근대문화유산이 등록문화재가 되면 어떤 장점이 있고, 단점이 있을까? 우선 장점을 몇 가지 논하고자 한다. 장점은 먼저 모두에게 친근감을 준다는 것이다. 나는 우리 삶의 한가운데에 있는 근대문화유산을 좋아한다.

초등, 고등학교 동기인 친구 배승규(준우)는 영주초등학교 앞에서 순댓국집을 했다. 사실 장인장모님이 인근에서 순댓국집을 오래했다. 승규부부는 어르신에게 노하우를 배워 이웃에 새롭게 인삼순댓국집을 창업했다. 어떻게 보면 두 가게는 별개이기도 하다.

하지만 다시 생각해보면 2대를 잇는 순댓국집이 틀림없는 것이다. 그런데 더 재미난 것은 이 순댓국집 건물에 있다. 이곳은 대충 60년은 넘은 개량한옥을 개조한 식당이다. 이곳은 영주에서 처음 생긴 산부인과의원이 있던 곳이다. 물론 주인은 나중에 부산으로 떠나고 다방이 되기는 했다.

하지만 나름 다방도 의미가 있는 곳이었다. 영주에서 처음으로 TV를 설치하여 중장년층을 유혹했던 곳이기 때문이다. 60~70

년대 TV가 귀하던 시절에 다방에 모여 TV를 시청하는 재미가 대단했다.

특히 축구나, 권투, 레슬링 경기가 있는 날이면 불야성을 이루며 사람들이 모여들었던 곳이다. 또한 취업이 잘 안되던 시절에 대학을 졸업한 백수(白手)청년들은 사랑방이 없어진 시대라 모두가 다방에 모여서 일과를 보내는 경우가 많았다. 그래서 그 시절 다방에는 나름 문화가 있었다.

갤러리가 귀하던 시절이라 가끔은 화가들의 전시회도 다방에서 열리기도 했다. 그 다방이 없어지고 나중에 또 다른 친구인 태욱이 춘부장(春府丈)께서 인쇄소를 하기도 했던 곳이다. 지역에 있는 작은 인쇄소도 나름 문화가 있는 곳이었다.

학교나 교회는 물론 작은 소기업들이 인쇄물을 부탁하기도 했고, 관공서 거래도 많았다. 이런 곳에 승규가 순댓국집을 창업한 것이다. 멋지게 안팎을 수리하기 했지만, 오래된 건물이다. 나는 승규에게 이런 역사를 잘 정리하고 기술하여 실내 곳곳에 부착하면 좋을 것 같다고 여러 번 말한 것 같다.

승규가 하는 순댓국집 속에는 장인장모님의 숨결도 숨어 있다.

그리고 오래된 산부인과며, 다방, 인쇄소 이야기는 살아있는 역사이고 문화인 것이다. 그래서 나는 승규가 하는 순댓국집이 좋다. 물론 자주가기도 했다.

승규의 식당 건물은 장기적으로 보면 근대문화유산으로 등록문화재가 되었으면 좋겠다. 꼭 문화재청 문화재가 아니더라도 영주시 지정 문화재라도 되면 괜찮을 것이다. 이런 경우는 서울에는 무지 많다. 오래된 식당과 이발소, 양복점 등등이 '서울시 미래유산' 등으로 많이 지정되었기 때문이다.

또 다시 등록문화재가 가지는 장점으로 등재시점을 중심으로 작은 지역축제 혹은 새로운 축제를 만들 수 있기 때문이다. 젊은 연인들은 만나서 한 달이 되면 이벤트, 100일이 되면 이벤트, 1년이 되면 다시 이벤트, 3년이 되면 다시 이벤트를 한다.

물론 그 사이에 생일이나 계절의 변화마다 이벤트를 한다. 이벤트를 한다는 것은 그만큼 젊고 에너지가 넘친다는 말이다. 나이가 들면 세상사가 별로 재미없는 것은 바로 이런 새로움과 이벤트가 없기 때문이다. 일기를 쓰면 365일이 똑같다.

그러면 그 사람은 젊지 않고 삶에 재미가 없는 늙은이라는 뜻이다. 이제부터 역사가 있는 건물은 나름 작은 이벤트를 만들어 내자. 건물을 완공한 날의 기록은 없는 것이 대부분일 것이다. 하지만 문화재가 된 날의 기록은 지금부터 보존하고 남기고 이벤트를 만들면 된다.

내가 아는 작은 교회는 문화재가 된 다음부터는 매년 문화재가 된 날을 중심으로 작은 이벤트를 한다. 특별예배도 하고, 손님들을 모셔서 식사와 차도 한잔한다. 물론 현판도 새롭게 하여 걸었고 지나는 방문객들에게 안내와 설명도 하고 있다. 영주에서도 그날이면 모이고 만나고 축제를 열자.

술도 마시고 떡도 하고, 밥도 사면서 이야기를 만들고 또 사람들을 모으자. 비록 작은 식당이라도 매년 1년, 2년 개업일에 맞추어 이벤트를 하면 손님도 환영하고 찾는 사람이 많아지는 것이다. 처음에는 한두 사람이 모여도 괜찮다.

당장 준비하고 시작하자. 그리고 근대문화유산은 교육과 탐방자원으로 이용이 가능하다. 우리는 누구나 공부에 목말라하고 학습의 필요를 느끼면서 살아가고 있다. 작은 찻집이나 식당, 관공서 건물이라도 이야기가 있고 사진이 있고 나름 지역민들에게 학습의 장으로 활용이 가능하다.

꼭 족보를 보고 가족사를 아는 것이, 공부하는 것이 중요한 일만은 아니다. 우리가 살고 있는 지역의 역사와 건물의 역사를 아는 것도 굉장히 중요한 일이다. 충북 청주와 경기도 수원이 지역의 다양한 역사와 문화를 지역학 등을 강의하고 있다. '청주학' '수원학'이라는 이름으로 대학에서 연합으로 강의를 하고 학점을 부여하고 있는 모습은 과히 칭찬할만한 일이다.

시청이 대학에 지역학 강의를 의뢰하여 대학들이 연합으로 강의하는 것이다. 우리도 '영주학' 강의를 이런 근대문화유산이 된 건물과 공공기관에서 하면 괜찮다. 그것이 강의실이어도 좋고, 카페나 식당이어도 적당할 것이다.

그리고 근대문화유산은 지역에 나름 새로운 고용창출과 홍보에 도움이 된다. 영주라고 하면 부석사, 소수서원, 소백산만을 생각하던 시절에서 이제는 영주제일교회, 내매교회, 구 영주연초제조창, 철공소, 방앗간, 제과점 등을 떠올릴 수 있는 기회를 부여하는 것이다. 우선은 근대문화유산 곳곳에 스토리텔링이라고 하는 옷을 입히는 것이 급선무다.

이런 것을 알리고 해설하는 문화관광해설사의 수요도 증가할 것이다. 물론 외국인 해설사나 외국어 전문해설사도 필요할 것이다. 앞으로 영주에도 세계 곳곳의 지구인들이 오지 않으면 장기적으로 관광산업의 미래는 없기 때문이다.

21세기는 기계화 정보화로 새로운 인력에 대한 수요와 고용은 좀처럼 늘어나지 않는 시대가 되었다. 이런 시대에 영주시가 주도가 되어 현재 35명인 해설사를 100명 이상 양성하고 교육하여 고용을 늘리는 것은 장기적으로 지역발전과 문화융성에 도움이 되는 필수사항인 것이다.

이런 것은 장기적으로 관광자원으로 활용이 가능한 측면이 많다. 현장에서 안내하는 프로그램도 좋고, 시내에 도보로 답사가 가능한 곳은 연계하여 도보답사 프로그램을 만들면 되고, 교외에 있는 등록문화재는 셔틀버스를 운행하여 해설하면 되는 것이다.

물론 중요한 포인트에 식당이나 찻집도 늘어날 것이고, 버스기사는 물론 해설사의 수요도 증가할 수 있는 것이다. 이외에는 청소가 쉽다. 관리가 쉽다는 장점도 있다. 얼마 전 영주에서 발간되는 월간 '소백춘추'의 김영탁 기자가 순흥면 읍내리에 있는 '영주순흥벽화고분모형'에서 혼자 청소를 했다고 한다.

문화재는 아니고 모형이기는 하지만, 나름 사람들이 많이 찾는 곳이다. 이곳이 너무 지저분한 것을 발견하고는 미리 준비한 빗자루로 청소를 했다는 것이다. 칭찬받을 만한 일이다. 아무튼 변두리에 있는 문화재의 경우에는 바로 청소와 관리에 문제가 있다는 것이다.

중요거점에 있는 것은 해설사, 청소인력 등이 상주하는 관계로 크게 문제가 없지만, 영주순흥벽화고분모형의 경우라면 주기적으로 인력을 배치하지 않으면 이런 문제가 발생하는 것이다. 우리들 주변에 있는 공원화장실도 주기적으로 청소하고 관리하는데, 문화재급의 영주순흥벽화고분모형은 청소를 며칠마다 하는지 사실 궁금하다.

다시 말해 근대문화유산의 경우에는 바로 우리의 이웃에 있고, 살고 있는 사람이나 관리하는 사람이 지척에 있는 관계로 청소와 관리가 용이한 측면이 있다는 것이다. 장점을 더 말할 수 있지만, 이것으로 줄이고 이제 단점을 하나하나 생각해 보기로 하자.

7. 우리 집을 근대문화유산으로 지정받고 싶다면?

2차 세계대전 이후 패전국인 독일은 전쟁의 상처를 딛고 일어서는 과정에서 가능하면 파괴된 거의 모든 건축물들을 신축하지 않고, 원형대로 복원하는 방법을 택했다. 기존 건물과 비슷한 벽돌이며 자재를 구해서 새롭게 짓는 것보다 한참은 힘든 과정을 통하여 살려낸 것이다.

비용도 시간도 더 많이 들었지만 그들은 복원을 선택했다. 그래서 오늘날 독일에 가면 고풍스러움은 물론 운치와 멋을 간직하고 있는 성당이나 학교, 관공서 등을 쉽고 자연스럽게 발견할 수 있는 것이다. 만일 그들이 일본이나 한국처럼 다 부시고 새로 짓는 방법을 택했다면 어떻게 되었을까?

보다 멋진 고층빌딩과 현대식 건물이 넘쳐났겠지만, 도시는 삭

막하고 볼품이 없으며 걷기에도 재미가 없는 회색도시가 되었을 것이다. 산업화의 광풍 속에 일본과 한국은 전쟁 이후에 무조건 부시고, 다시 짓는 방법을 택한 나라이다.

그래서 고대와 중세는 남아있지만, 근대는 거의 없는 이상한 나라가 된 것이다. 만일 우리도 독일처럼 새 건물 하나를 짓기보다는 하나를 복원하는 방법을 택했다면 어떤 결과가 나왔을까? 비용은 추가적으로 더 많이 들었겠지만, 서울에도 아직 수십 만 채의 한옥과 일제강점기에 지어인 일본식 가옥들이 즐비할 것이다.

여기에 궁궐과 운종가에 남아있는 거대한 관청 건물까지, 몸은 비록 21세기를 살지만 마음은 19세기의 낭만을 달리고 있을 것이다. 현재 유럽 관광대국들의 모습은 사실 그러하다. 현대의 마천루를 보기 위해서 이웃나라를 방문하는 관광객들은 많지 않다.

당연히 이웃나라의 고대와 중세, 근대의 문화와 역사, 자연을 보기 위해서 방문하는 것이다. 그래서 유럽을 부러워하는 많은 사람들은 "조상 잘 둔 덕에 먹고사는 나라"라고들 말한다. 어쩌면 영주도 나름 조상을 잘 둔 덕에 먹고 사는 경향이 있는 도시이다.

천혜의 자원인 소백산과 문화유산인 부석사, 소수서원, 복합문화유산인 무섬마을, 여기에 풍요한 땅에서 생산되는 소백산 산나물, 영주사과, 풍기인삼, 풍기인견, 영주한우, 도라지, 생강, 고구마, 계란, 마, 복숭아, 포도 등등 농특산물까지 천지인 곳이다. 여기에 맛과 질도 최상등급이기 때문이다.

하지만 자연유산, 문화유산으로 수천 년을 그대로 두고 앉아서 기다리는 역사문화관광의 시대는 이제 멀어지고 있는 것 같다. 영주도 적극적으로 근현대문화유산을 발굴하고 이것을 홍보하고 이용하여 새로운 시대의 먹을거리를 만들 필요가 생겼다.

자, 그럼 다시 근대문화유산이 등록문화재가 되었을 때의 단점을 한번 생각해보자? 이런 단점은 사실 정보부재에서 생기는 오해가 대부분이다. 우선 등록문화재가 되면 재산가치가 하락하거나 매매할 수 없다는 오해다.

사실 국가가 소유하고 있는 문화재를 제외하고는 개인이 소장하고 있는 문화재도 매매가 가능하고, 소장가치가 올라가는 것이 일반적이다. 우리가 익히 알고 있는 국립중앙박물관의 국보급 문화재 역시도 개인소유 유물이 생각보다 많다. 그런데 왜 국립중앙박물관에 있는 것일까? 그것은 관리와 보존 및 보관상의 어려움으로 위탁을 해 둔 문화재들이다.

개인이 보관하는 것보다 박물관에 보관하는 것이 더 안전하기 때문이다. 때로는 위탁보관보다는 기부를 택하여 정부에서 유지 관리하는 것이 좋다고 판단하여 기증하는 경우도 있다. 하지만 그런 경우를 제외하고는 많은 국보급 문화재들이 개인소유로 존재하고 있는 것 또한 사실이다.

강제성이 많지 않는 등록문화재의 경우에는 외형변화를 주지 않는 이상은 다른 제약이 많지 않은 편이다. 그리고 재산상의 불이익이나 가치하락은 없다고 보면 된다. 그래서 안목 있는 건물주들은 스스로 지자체와 협의하여 자신의 건물을 등록문화재로 등록하여, 개보수 및 수리비 지원을 받는 경우도 많다.

실례로 마을 전체가 '국가지정문화재 중요민속문화재'로 지정된 문수면 무섬마을의 경우에도 '경상북도 민속문화재' 또는 '문화재자료'로 지정된 가옥들의 경우에는 지원받아, 지정되지 않는 집들보다 더 반듯하게 수리가 되어 있는 경우를 쉽게 발견할 수 있다.

따라서 등록문화재 지정이 주는 재산적인 피해는 거의 없다고 보면 된다. 다음으로 걱정하는 것이 기존 건물을 헐어버리고 신축하는 것이 안 되는 것이다. 당연히 문화재 지정이 된 상황에서 건물을 헐어버리는 것은 안 된다. 하지만 기본적으로 증개축의 과정과 리모델링은 가능하다.

증개축의 경우에는 기존 건물을 그대로 두고, 앞뒤로 달아내는 것을 말하는 것으로 더 고풍스럽게 달아내는 건물을 만들 수 있는 장점이 있다. 예를 들어 앞면이 70년 된 근대문화유산건물이면, 뒤편에 자연스럽게 달아낸 건물이 신축이라고 해도 외장을 비슷하게 하면 전체를 70년 된 건물로 보이도록 만들 수 있는 것이다.

서울시립미술관의 경우 100년 전에 지은 법원청사인데, 외장만 그대로 두고, 뒷면을 전부 헐고 다시 지었다. 그런데 외부에서 보면 그냥 100년 된 미술관으로 보이는 것이 장점인 멋진 공공건물이다.

서울시청사로 쓰이던 지금의 서울도서관은 사실 내부를 전부 헐어내고 외양만을 유지한 채 내부에 새롭게 도서관을 지은 것이라고 할 수 있다. 100년 된 건물의 외부를 그냥 두고 내부를 헐어서 다시 지은 것이다. 그래서 더 멋지고 튼튼한 도서관이 되어 시민들을 맞이하고 있는 것이다.

외국에는 100년 된 공장의 외부는 그대로 두고 내부는 헐어내어 아파트로 만든 곳도 있고, 박물관이나 레스토랑, 공방, 극장 등으로 만들어 활용하는 곳이 많다. 겉으로 보기에는 그냥 100년 된 공장인데, 내부는 전혀 다른 것으로 활용되고 있는 것이다.

근대문화유산인 등록문화재는 기본적으로 그런 성격을 가지고 있는 문화재이다. 가능하면 외형을 손상하지 않는 방법이라면 내부수리는 자유롭게 할 수 있는 장점이 있다. 아무튼 우리가 알고 있는 단점은 대부분 제대로 알지 못해서 발생하는 오해가 대부분이다. 영주시에 있는 근대문화유산의 경우에도 개인건물 보다는 공공건물이나 사회적으로 함께하는 공유자산인 경우가 대부분인 것으로 안다.

등록문화재는 바로 건물주가 누구든 상관없이 최소 50년이 넘으면 가치와 쓰임새를 판단하여 정부와 지자체가 함께하면 지정이 가능한 문화유산이다. 물론 개인재산인 경우에는 건물주의 동의가 없으면 대체로 등록문화재로 지정되지 않는다. 때로는 상당히 귀중한 문화유산임에도 불구하고 주인이 반대하여, 어쩔 수 없이 강제 지정을 하는 경우도 있다. 하지만 실재로는 거의 없는 일이다.

나이도 50년 이상이라는 규정이 있기는 하지만, 파손의 위험이 있거나 너무나 중요한 경우에는 예외적으로 빨리 지정하는 경우도 있다. 그러나 이런 경우도 많지는 않다. 사실 난개발을 좋아하는 정부나 지자체, 개인이 스스로 등록문화재 지정을 거부하는 사례가 더 많은 것이 현실이기 때문이다.

마지막으로 유럽의 경우에는 50년 이상 된 건축물의 경우에는 철거도 허가제로 운영하고 있는 것이 일반적이다. 우리도 이제는 건축물 철거도 허가제로 운영하는 방안이 필요한 시대가 된 것 같다.

유명한 작가나 화가, 정치인이 살던 집이나, 유명 건축가가 설계한 공공건물이나 집은 철거도 반드시 허가를 받을 필요가 있다고 본다. 그래야 역사에 남은 건축물이 더 많이 지어질 것이기 때문이다.

아무튼 영주시에도 근대문화유산에 대한 장점을 알고 다양한 오해도 없는 가운데, 141개에 달라는 근대문화유산을 보다 더 알차게 연구하고 조사하여 최대한 빠른 시일 내에 문화재청과 협의하여 등록문화재로 등록할 수 있도록 준비하는 시기가 되었으면 한다. 이제부터는 오래된 창고 하나를 헐어내는 문제도 심사숙고하는 마음과 자세가 필요한 때가 된 것이다.

8. 정체된 고착형 축소 도시, 영주의 발전적 도시계획

1961년 대홍수 이후, 영주는 현대적 도시계획이 시작되었다고 볼 수 있다. 이때부터 영주는 원당천 아래쪽으로 신영주가 개발되면서 본격적으로 구도심과 신도시인 신영주로 나눠지게 된다.

도시의 성장으로 보자면 당연히 북쪽에 철탄산이 있으니 남쪽으로 발전하는 것은 필연적 결과이다. 인구도 늘고 2.3차 산업이 성장하면서 강원도 태백 탄광배후지, 경북 북부 교통요지 및 철도청과 연초제조창 등을 통한 성장 축으로 발전하게 되었다.

하지만 지난 10여 년 전부터 시작된 '가흥동 택지개발'은 2번째 신도시를 만들어 영주를 크게 3개 권역으로 나누는 방식으로 전개되고 있다. 재미난 것은 이 시점부터 영주시는 구도심에 대한 '도시재생'을 외치기 시작했다.

한손에는 방패를 들고, 다른 한손에는 창을 들고 "이 창이 제일 강한 창입니다. 이 방패가 가장 튼튼한 방패입니다"를 외치던 장사꾼 생각이 나는 대목이다. 신도시를 만들면서 구도심은 재생을 말하는 '모순(矛盾)'이 벌어진 것이다.

이런 방법은 대도시에는 모순이 아니지만, 영주처럼 '정체된 고착형 중소도시'에서는 모순이 된다. 고도성장기인 1960년 초중

반 신영주 개발과는 차원이 다른 이야기다. '축소 도시(shrinking city, 지속적이고 심각한 인구 감소로 유휴방치 부동산이 증가하는 도시)'에서 정부예산까지 써 가면서 왼손으로는 신도시 개발과 오른손으로는 도시 재생을 외치는 모순을 범하고 있는 것이다.

기존 토건사업을 좋아하는 개발론자는 구도심을 폐허로 만들어 인구도 줄고 집값이나 건물, 땅값이 폭락하도록 방치한다, 그런 다음 거품이 빠질 대로 빠진 상태에서 집단 재개발 방식으로 구도시를 재개발했다.

하지만 축소 도시 영주에서는 이런 방법이 통할 수 없다. 집단 재개발이 거의 의미 없기 때문이다. 개발해도 개발이익이 없고, 입주할 사람도 별로 없기 때문이다. 가흥택지 개발은 다시 말해 구도심 재생을 포기한(?, 입으로는 재생을 말하고 있지만) 상태에서 하는 신도시 정책인 것이다. 그래서 모순이다.

국토연구원이 2017년 5월 발표한 자료에 따르면 축소 도시에서 신규개발을 통한 공동주택 공급은 더 이상 사업성을 확보하기가 쉽지 않고 그동안 빈집정비 사업이 단독주택공급의 공실문제에 초점을 맞춘 경향이 있는데 앞으로는 이미 건설되어 있는 주택을 효과적으로 활용하는 정책에 우선순위를 두어야 한다.

도시축소로 이어지는 악순환 구조를 탈피하기 위해서는 신시가지개발 도농통합 등에 따라 확대된 도시규모를 인구규모에 맞게 축소하면서 도시생활거점으로 도시기능 재배치를 유도해 불필요하게 발생하는 비용을 최소화할 필요가 있다고 분석하고 있다. 정리하자면 '신도시 건설보다는 내실 있게 도시를 재생하는 것이 올바른 방법'임을 말하고 있는 것이다.

또한 영주는 "인구는 줄어드는데 빈집과 기반시설은 남아도는 축소 도시 현상이 진행되고 있다"고 분석하고 있다. 영주는 이미 65세 이상 인구 비율이 7~14%인 '고령화 사회(Aging Society)'에 포함된다. 65세 이상 인구가 총인구를 차지하는 비율이 14% 이상인 '고령사회(Aged Society)' 문턱에 있는 것이다.

빈집 비율도 9%를 넘어섰다. 특히 2015년 기준 빈집 수는 3천675호로 전체 주택수의 9%를 차지하고 있다. 1차 산업 종사자 35.4%, 2차 산업 종사자 14.2%, 3차 산업 종사자 50.4%로 나타났다. 1차 산업 종사자는 연평균 3% 이상 급격한 감소추세다.

인구는 1975년 17만3,977명에서 2015년 10만9,266명으로,

지난 40년간 지속적으로 감소하고 있다. 인구구조 변화 역시 출생아수 감소와 고령화 현상이 심화되고 있는 가운데 독거노인 숫자가 증가하고 있다.

인구 감소 원인으로는 일자리 부족이 66.3%로 가장 많았으며, 출산율 저하 12.6%, 기반 시설 부족 8.3%, 신규 외곽 개발 8.1%, 교통 불편 2.9% 순으로 나타났다. 앞으로 나타날 가장 심각한 문제에 대해서는 48.7%가 안정된 소득원과 일자리의 부족을 말하고 있다. 다음은 노인 의료복지 문제 19.0%, 지역공동체 소멸이 14.1%다.

국토연구원 관계자는 "이미 지방 중소도시는 지속적으로 인구가 감소하고 빈집 유휴시설이 확산되고 있지만 여전히 낙관적인 미래 전망 아래 성장위주의 도시계획을 수립하고 있다. 각종 계획을 수립할 때 달성 불가능한 인구 성장치를 전망하고 있고 어떻게든 남보다 많은 개발용지를 확보하기 위해 서로 경쟁하고 있다"고 했다.

또한 "공공서비스 공급의 효율성을 제고해 공공시설 운영비용을 절감하고, 유휴 공공시설 등은 사회복지시설로 전환해 사회취약계층 복지수요에 대응할 필요가 있다. 인구 유출, 빈집 증가로 인해 소멸위기에 처한 근린지역 삶의 질을 향상시켜 지역공동체를 회복하고 남아 있는 사람들의 사회적 안정을 도모할 필요가 있다"고 지적하고 했다.

재미나게도 대부분 중소도시는 인구를 늘리겠다며 공단을 조성하고 기업유치를 약속하고 있다. 인구감소가 계속됨에도 불구하고 구도심 옆에 대규모 아파트 단지를 조성하고 신도시를 만든다. 결국 이는 제로섬 게임으로 공멸을 재촉하는 방법이다.

11만 명이 이용하던 도로와 상하수도 등 사회적 비용은 인구가 절반으로 줄어든 뒤에도 줄지 않는 것이 사실이다. 이제는 뜬구름 잡는 성장전략은 버리고 아직은 조금은 불확실한 대안이지만 도시 재생으로 정책기조를 바꾸어야 한다. 또한 주민들을 공공서비스가 밀집한 도심으로 다시 모이도록 해야 한다.

작아진 도시 크기에 맞게 인프라를 개편하는 축소방안이 필요하다. 지역 특색에 맞는 일자리 창출도 고민해야 한다. 영주는 이미 가흥택지사업에 나름 예산을 많이 투자하여 일을 벌이고 있다.

하지만 이제라도 축소 도시가 장기적으로 사람이 살고 있는 도시로 살아남으려면, 압축 축소정책을 통한 구도심 재생과 사회취약계층 복지에 더 힘을 쏟아야 하는 마지막 순간이 되었다는 사실을 인식하는 것이 중요하다. 이것이 안 되면 불행스럽게도 곧 소멸의 길로 가게 된다.

지방이 살아야 대한민국이 산다

9. 자유로운 토론문화가 넘치는 영주가 되었으면

지난 2017년 12월 9일(토) 저녁에는 고향 영주에 있는 '경북도립영주선비도서관'에서 '영주의 근대문화유산'에 대한 시민강의를 했다. 사실 도서관에서 특별한 주제를 주지 않고, 하고 싶은 이야기는 뭐든지 해도 좋다고 하여 강연을 하게 된 것이다.

요즘 화두가 되고 있는 영주의 근대문화유산과 문화재청에서 시행하고 있는 '등록문화재' 제도에 대한 이야기를 하기로 하고 오랜 만에 고향에 갔다. 서울에서 성균관대 건축학과 윤인석 교수님과 점심식사 약속이 생겨 조금 늦게 버스를 타고 갔더니, 도청에 근무하는 친구에게 연락이 와서 우선 둘이서 조금 이른 시간에 저녁을 했다.

그리고 다른 친구들도 몇 명 전화가 왔다. 순식간에 3~4명의 친구들과 조우하여 인사를 나누었다. 이어 저녁 7시가 다 되어 강의를 시작했다. 사실은 20명 내외의 청중들이 오면 아기자기하게 강연하고 많은 대화를 나누고 싶었다. 그런데 대략 보아도 참석자는 50명은 넘는 듯 했다.

이런 상황이면 길게 강의를 해야 하고, 짧게 질의응답을 겸한 대화를 나눌 수밖에 없는 상태가 되는 것 같다. 미리 준비한 영주의 근대문화유산과 등록문화재 및 이와 관련된 영주에서 나온 신문자료 등을 보면서 한 시간 넘게 이야기를 했다.

그리고 10명 정도의 사람들과 대화를 나누면 될 것 같아서, 근대문화유산의 현실과 등록문화재의 필요성에 대하여 질의응답시간을 가졌다. 그런 이후에도 조금 시간이 남아 미리 준비한 이야기는 아니지만, 근대를 없애고 현대로 가기 위해서 늘 문제가 되는 도시 재개발과 재생 등에 관한 쟁점을 더 말했다.

그러다 보니 어쩔 수 없이 내성천 보존, 영주댐에 관한 문제나, 관광 및 국가지정문화재, 경북도 지정문화재에 대한 이야기도 나눌 수밖에 없게 되었다. 그리고 축제와 행사에 대한 새로운 방식의 운영제안까지 하게 되었다. 관공서에서 출간되는 책과 자료집에 대한 것도 말하게 되었다.

나는 사실 작가로서 초대되어 여행과 관련 된 이야기와 내가 활동하고 있는 한국내셔널트러스트(NT)의 문화유산, 자연유산에 대한 이야기를 많이 하려고 했다. 하지만 역시나 고향에 가서 강의를 하게 되니, 당연히 시사평론가처럼 이야기를 할 수밖에 없는 조건이 된 것이다.

물론 하고 싶은 말을 전부한 것은 아니지만, 나름 머릿속에 있던 생각들을 거의 한 것 같다. 문제는 반응인데, 마지막 부분에 퇴장한 몇 사람들을 제외하고는 90% 이상의 사람들이 남아서 이야기를 들었고 끝마무리를 할 수 있었다. 나름 좋은 경험이 되었다.

강의를 마치고 다시 한 번 느낀 점은 역시 우리 문화는 토론과 합의를 통하여 감동하고 사업을 집행하는 경험이 별로 없다는 것이다. 지역에서 일어나는 여러 가지 문제에 대해서 수시로 토론하는 문화는 절대적으로 필요하다. 또한 하고 싶은 말을 당당하게 할 수 있는 민주적인 분위기 조성도 더 많이 요구된다.

서양에서 말하는 '아고라(agora, 광장, 모으다, 고대 그리스 도시국가의 광장으로 민회(民會)나 재판, 상업, 사교 등의 다양한 활동이 이루어졌다. 오늘날에는 공적인 의사소통이나 직접민주주의를 상징하는 말로 널리 사용된다)'처럼 시내 어디에서든 자유로운 대화와 토론이 펼쳐지는 분위기가 필요한 것이다.

지역의 다양한 현안들을 모으고 전달하는 기회가 너무 적은 것 같다. 작은 결의하나라도 시민공청회를 개최하고 토론하고 의견을 모으고 집행하는 것이 필요하다. 그런데 그저 일방에 지나지 않는 방식으로 사업을 결정하고 집행하는 것이 빤히 보인다.

수시로 질의응답도 하고 궁금한 것이 있으면 언제든 묻고 답하면서 답을 찾으면 되는 것인데 말이다. 누구하나 대단한 천재가 없고, 모든 것을 객관적으로 평가해서 사업을 결정하는 것은 쉬운 일이 아니다. 그렇다면 다양하게 논의하고 생각해서 결정하면 되는 것이다.

그래서 장시간 회의도 하고 의견을 민주적으로 집중하는 것이 필요한 것이다. 일반적으로 지역 현안에 대해서 많은 시민들이 구체적으로는 모르는 것 같다. 그만큼 정보가 공개되어 있지 않고, 소수 사람들만 아는 사업이 많다.

매일 지역신문과 방송을 보고 분석하고 비판하는 것은 대략 한 시간 정도만 투자하면 되는 일인데, 이런 시간도 없는 것이 서민들 현실이고 보면 마음 아플 뿐이다. 그렇다고 일방적인 결정은 절대로 안 되는 일이다.

또한 시민들이 자기주장을 할 수 있는 공간도 많지 않다. 대체로 일방적인 강의가 많은데, 이것 역시도 편향된 시각과 사고만을 가진 사람들 일색이다. 그저 입맛에 맞는 입에 발린 소리만

하는 사람을 구해서 듣고 싶은 이야기만 듣는 형식의 강의가 되는 것 같다.

제발 이제라도 장점과 단점을 분석하여 좋은 점은 칭찬하고, 나쁘고 모자란 점은 지적하고 분석하여 다시 발전할 수 있는 고민을 주는 강사들을 기용하는 것이 좋은 방편이라 생각해 본다.

잘되는 기업은 의외로 회의가 많고 대화와 토론을 통하여 상호작용이 좋은 곳이다. 그래야만 끊임없이 소통하고 변화 발전하는 과정을 통하여 상생하기 때문이다. 상대에게 귀를 열고 듣고 반성하고 또 새로운 길을 만들어 가는 것이 바로 토론 문화인 것이다.

지역 문제를 종합적으로 고민하고 있는 사람이라면 그 사람이 누구든 상관없이 초빙하여 말하게 하고 들어보는 자세도 중요하다. 조금은 비딱한 시선으로 세상을 보고 분석하는 사람을 구해서 듣고, 듣는 사람들도 비딱한 마음과 자세로 듣고도 바로 수용할 수 있는 열린 마음을 가졌으면 한다.

2018년 지방선거에 출마를 준비하시는 지역 정치인들은 정말 많은 토론과 대화로 자신만의 정책을 만들어내고, 지역에 필요한 사업과 일을 구상하는 틀을 만들었으면 한다. 수시로 어디에서든 대화하고 토론하면서 상대의 말에 귀를 기울이고 담아가는 마음으로 살아가는 정치인공무원들이 더욱 더 많아졌으면 하는 바람이다.

10. 복지사회를 지향하는 공동체회복운동이 필요

50년~100년 이후에도 지방 소도시가 살아남을 수 있는 길은 몇 가지 과제로 귀결된다. 특히 자연유산과 문화유산이 좋은 영주시의 경우라면, 나름 축복의 땅위에서 복을 받고 있는 상황이다. 영주는 큰 축으로 보자면, 역사문화 관광분야와 유기농 무농약 농업으로 승부를 걸 수 있는 자질과 토양이 넘쳐나는 땅이다.

다음으로는 점점 규모가 커져서 유지관리비가 많이 드는 도시를 축소하는 방법이다. 인구 11만 명의 도시가 인구 5만 명이 되었을 때도 유지관리비가 똑같이 들면 큰일이다. 실재로 공무원 숫자를 포함하여 도로며, 상하수도 등 공공비용도 줄여야 한다.

개인도 큰집에서 살다가 가족과 수입이 줄고 고령화되면 유지관리비를 줄이기 위해 '다운사이징(downsizing, 사물의 소형화, 무엇이든 작고, 적게 한다는 규모축소)'하는 것이 일반적이다.

개인은 작은 집으로 이사하고, 소비를 줄이면 된다. 반면 도시는 어떻게 하는 것이 좋을까? 우선 도시규모를 줄이기 위해서 도심을 재개발하는 것이 좋다. 인구를 도심에 다시 모아 교통, 의료, 보건, 복지, 경제, 시장 등을 한곳에 집중시켜야 한다.

실재로 우리보다 선진국인 일본의 경우 도쿄 도심 재개발은 40년 전부터 시작되었다. 우리가 80~90년대 일산과 분당 등에 신도시를 만들 때 그들은 신도시에서 철수하고 다시 도심으로 모여들기 시작했다.

인구가 줄고, 소득이 줄고, 경제도 축소되는 상황에서 필연적으로 다시 도심에 모여 사는 것이 편하고 안전하며 행복하다는 것은 인식하게 된 것이다. 우선 나이가 들면 운전이 힘들고, 이웃에 쇼핑을 하거나 산책을 하게 되는 경우에도 멀리 가지 못하는 경우가 대부분이다.

따라서 집 근처에 병원이 있고, 쇼핑몰이 있고, 식당이 있고, 영화관이 있어야 한다. 급할 일이 생기면 그냥 걸어서라도 갈수 있는 거리에 이런 것들이 있는 것이 좋다. 우리가 일반적으로 알고 있는 신도시는 '베드타운(bed town, 근무는 대도시에서 하고 퇴근 후 잠만 자는 주거 형태)'로 만들어 진 곳이다.

따라서 반드시 차가 있어야 하고, 생활기반시설이 부족한 경우도 많다. 젊은이들은 스스로 차를 가지고 이동하는 것이 가능하지만, 나이가 들면 이런 이동도 쉽지 않은 것이 현실이다. 따라서 노년이 되면 다시 도심으로 돌아와서 사는 것이 올바른 선택이 되는 것이다.

외연을 확대한 영주도 요즘은 차가 없으면 생활이 불가능할 정도로 규모가 확장되어 있다. 하지만 장기적으로는 30~40년 전처럼 차 없이도 걸어서 다니거나 자전거 혹은 시내버스를 타고 다닐 정도로 도시 규모를 줄여야 한다.

영주시는 지난 수 년 동안 '도시재생(인구 감소, 산업구조 변화, 무분별한 도시 확장, 주거환경 노후화 등으로 쇠퇴하는 도시를 지역역량 강화, 새로운 기능 도입 창출 및 자원 활용을 통하여 경제적 사회적 물리적 환경적으로 활성화시키는 것)'을 화두로 들고 나와 나름 무엇인가를 만들어가고 있다.

물론 안타깝게도 '가흥택지'를 조성하여 도시를 3등분하는 이상한 정책도 쓰고 있지만, 재생이라는 정책기조를 이어갈 수만 있다면 장기적으로 살아남을 수 있는 방안은 품에 안고 가는 것이다.

영주 도심에 재생사업 일환으로 새로 조성된 영주시도시재생센터나 도시재생대학을 통한 활동가 양성, 황금시대방송국, 구성마을 할매묵공장, 할배 목공소, 후생시장 재생사업 등으로 나름 재생기틀을 만들어 가고 있는 듯 보인다.

일단 도시재생은 단초를 마련했고, 지역에 있는 집과 상가 등도 낡은 것을 개보수하고 다시 활성화하는데 부단한 지원이 필요한 것은 현실이다. 그러기 위해서는 보다 많은 사람들이 토론하고 머리를 맞대고, 예산투자도 늘려야 한다.

영주시 도시재생 사업은 아직은 평가할 단계는 아니지만, 순방향으로 가고 있는 것만은 틀림없는 것 같다. 그리고 집중적인 복지예산배치와 활용이다. '초고령화사회(전체 인구 중 65세 이상 고령인구 비율이 20% 이상인 사회)'에 진입하고 있는 지방 소도시들은 복지예산을 대폭 늘리고, 담당인력증원을 통하여 복지도시를 만들지 않으면 노인들마저 등지고 떠나는 도시가 된다.

그러기에 복지투자는 절대적으로 필요한 정책이다. 다행스럽게도 2017년 11월 말 영주시는 2018년도 예산안 6천500억 원을 편성했다. 분야별 비중을 살펴보면 복지 분야가 26.4%(1천524억 원)로 가장 많은 비중을 차지했고, 이어 농업분야 15.1%(874억 원), 문화관광분야 9.9%(573억 원) 순이다.

예산안의 중점방향은 지역경제 활성화와 일자리 창출을 위한 기업유치 지원, 첨단산업 기틀마련, 생활밀착형 따뜻한 복지지원, 농업경쟁력 제고를 통한 부자농촌 건설 및 구도심 정주여건 개선을 위한 도시계획사업, 자연과 문화가 어우러진 힐링 관광도시 실현, 재난과 재해로부터 시민이 안전한 도시조성이다.

특히 '생활밀착형 따뜻한 복지지원'에는 노령층, 사회적 약자의 기본생활을 보장하는 생계급여 178억 원, 기초연금 509억 원, 양질의 아동양육 환경조성을 위한 보육시설지원 57억 원, 영유아 보육료 및 양육수당 118억 원, 장애인등 사회취약계층을 위한 지원 169억 원 등이다.

나름 복지예산이 가장 많고, 이에 대한 집중투자를 계획하고 집행하는 일은 영주의 50년 앞을 내다보는 정책으로 장애인과 어르신들이 편하게 살 수 있는 마을을 만들어 가는 방법이다. 그들이 편해야 일반인들도 편한 삶의 공간이 확보되는 것이다.

마지막으로 1990년대 초반부터 시작된 마을공동체운동은 주민들과 지역리더를 맡고 있는 사람, 시민활동가들이 공동체회복을 도모하고 활성화를 위한 자발적인 노력을 전개하면서 생겨났다. 마을은 작은 규모의 공간으로 일상생활을 함께하면서 소통을 바탕으로 문제를 해결해 나가는 사람들이 모여 사는 곳이다.

공동체 안의 주민들이 모여 자신들이 속해있는 마을 일을 스스로 해결하고 결정하는 것이 기본이다. 영주에서도 마을공동체 의식 회복과 정신함양을 통하여 100년 전 고향 마을의 정취가 살아있는 마을 만들기 운동이 필요한 시점이다.

이를 위해서는 예산지원과 함께 끊임없는 시민참여와 교육프로그램이 중요하다. 현재로서는 그 중심에 영주시도시재생센터와 도시재생대학을 졸업한 활동가들이 중추가 될 수 있다고 본다. 물론 지역 정치인들 또한 그 임무와 역할이 커진다고 할 수 있다.

11. 재건축 초과이익 환수로 진정한 도시재생이 되어야

최근 영주에도 늘고 있는 빈집문제와 이를 포함한 '도시 재개발'과 '도시재생'이라는 화두에 나도 고민과 생각이 많다. 오랫동안 "도시재생은 사기다"라고 주장하는 친구의 SNS를 우연히 보게 되었다. 그 내용은 건축공학박사인 친구가 대학원 시절에 배운 용어에 관한 것이다.

"Benign Neglect(무시, 방치하다, 도외시하다, 등한하다, 소홀). 대학원 시절에 배운 용어 중에서 지금까지 신선했던 기억으로 남아있는 것 중의 하나가 바로 'Benign Neglect'이다. 우리가 보기에 남루해보일지 몰라도 거기에는 나름 최적의 생태계가 형성되어 있는데, 섣불리 손대다보면 그나마 있는 생태계마저 황폐화시킬 수 있으므로, '적절한 해법이 없으면 차라리 내버려둬'라는 것이 논점이었다. 처음에는 참 무책임한 발상이라고 생각했었는데, 곰곰이 생각해보니 참으로 맞는 말이더라. 그래서 오랫동안 그 용어를 기억하게 되었다. 그런데 오늘 도시재생에 관한 구본기 생활연구소장의 글을 읽다보니 오랫동안 기억 속에 잠재되어 있던 'Benign Neglect'라는 용어가 다시 떠올랐다"

우리는 아직 아슬아슬하게 버티고 있지만, 일본 주택시장은 지난 1991년 거품이 붕괴하며 오랜 침체기를 겪고 있다. 27년이 넘게 흐른 요즘도 1991년 대비 절반 수준도 회복하지 못하고 있다. 2017년 일본의 전국 주택지가와 시가지 주택지가는 각각 최고점 대비 54.1%, 52.9%정도다.

다만 2013년부터 조금이나마 집값 상승세가 이어지고 있고, 거품이 생기기 전인 1980년 초반 수준은 회복했다. 아베노믹스로 금융 여건이 완화되면서 신규대출 평균금리가 하락하자 주택수요가 증가했고, 상가숙박업소 등 상업용 부동산이 늘면서 상대적으로 주택공급이 줄었다.

일본의 빈집 수는 지난 1993~2013년 사이 410만 채에서 780만 채로 두 배 가까이 늘었다. 별장까지 포함하면 820만 채 정도다. 조만간 1,000만 채를 넘길 것이라는 전망이 곳곳에서 나오고 있다. 전체 주택에 대한 빈집 비율도 9.0%에서 12.8%로 급등했다.

빈집증가의 주요원인인 고령화는 앞으로 더욱 심화될 것으로 보인다. 일본 인구는 2008년을 정점으로 감소하고 있다. 가구 수의 경우 단독 세대가 증가함에도 불구하고 2020년부터는 감소 전환할 전망이다. 이는 절대 딴 세상 얘기가 아니다.

빈집이 100만호를 넘기고 있는 한국의 재개발정책은 어떠한가? 지난 수년간 재개발이 도시재생이라고 이름만 바꾸었을 뿐 그 방법과 절차는 사실 유사하다. 우선 서울 도심에 있는 세운상가와 낙원상가의 사례를 살펴보자.

"우리는 안다. 전자 부품 등을 판매하는 상인들에겐 관광객이 필요치 않다는 것을" 세운상가에 등장한 주민들의 구호다. 세운상가의 도시재생 사업은 과연 누구를 위한 것이었을까? 낙원상가. 지금은 악기 매장이 많은 오래된 상가 정도로 알려져 있지만 50여 년 전에는 세운상가와 함께 국내 1세대 주상복합 건물로 유명했다.

세월이 흐르며 철거 위기에까지 처했던 낙원상가가 변신을 앞두고 있다. 서울시는 도시재생사업의 일환으로 이 지역 일대를 정비하고 상가 4 5 6 16층 등 4곳의 옥상을 공원과 전망대, 텃밭 등으로 꾸밀 계획이다.

전망대에선 서울을 동서남북으로 감상할 수 있게 된다. 음악회 등이 열리는 야외 공연장도 생긴다. 2018년 하반기에는 공사에 들어가 2019년 하반기 문을 여는 게 목표다. 그러나 주민들의 입장은 시시각각 다르다. 사실 많은 사람들이 찾아오면 지역에 활기가 생기고 장사도 잘 돼 좋을 것이라는 기대 뒤에는 동네가 뜨면서 원주민이 밖으로 밀려나는 젠트리피케이션(gentrification, 둥지 내몰림)에 대한 우려가 숨어있다.

동네가 개발되면서 임대료가 올라 원주민이 다른 곳으로 밀려나는 현상을 말한다. 이미 강남구 신사동 가로수길, 용산구 해방촌 경리단길 등에서 대동소이한 일이 일어났다. 과정은 똑같다. 지역 개발로 또는 작은 가게들이 동네만의 독특한 분위기를 만들어 인기를 끌자 프랜차이즈 등 대규모 자본들이 그 자리를 탐냈고, 건물주들은 임대료를 크게 올렸다.

급격히 오른 임대료를 감당하지 못한 원주민, 소상공인들은 결국 동네를 떠났다. 종로구 익선동 한옥마을도 젊은이들 사이에 회자되면서 관광객이 크게 늘자 월세와 임대료가 올랐다. 원래 살던 기초생활수급자들이나 노인들 중 이를 견디지 못하고 떠나는 이들이 생겼다.

경복궁 좌우 서촌이나 북촌도 마찬가지다. '투어리스티피케이션(touristification)현상'이라는 재미난 일도 있다. 관광객이 몰려들어 동네 분위기가 어수선해지면서 원주민이 지역을 떠나는 문제를 일컫는다. 한때 낙후됐던 마을에 벽화 등을 그리는 도시재생사업이 인기를 끌었다.

처음에는 주민들도 달라진 동네 모습에 만족했다. 하지만 관광객들이 몰려들면서 분위기는 달라졌다. 실제 벽화로 유명한 종로구 이화마을은 관광객에 시달리다 못한 주민들이 그림을 페인트로 덧칠해버리는 일도 생겼다.

북촌한옥마을도 주민들이 관광객에 의한 사생활 침해를 호소한 지 오래다. 전문가들은 개발사업의 문제는 주민이 아닌 외부인의 시선으로 개발이 이뤄지기 때문이라고 지적한다. 외부인이 보기에 낡은 지역을 보기 좋게 바꾸려는 과정에 정작 지역 주민들의 삶은 소외된 것이다.

아무튼 재개발이든, 도시재생이든 개발 이익은 전부 환수되어 다시 주민들에게 쓰이는 것이 마땅하다. 특히 시선을 낮추어 가난한 사람, 못사는 사람들을 위해 환원될 필요가 있다. 서울 경의선 철길이 지하화 되면서 조성된 경의선숲길의 예를 들어보자.

원래 경의선숲길은 철도부지 국유지다. 그런데 이 땅을 도시공원으로 조성하게 된다. 이때 투입된 정부예산은 450억 원이다.

인근에 위치한 K아파트의 경우에는 사실상 경의선숲길이 아파트 단지 배후정원이 되었다.

이후 주변 지가와 집값이 뛰었다. 숲길이 완성된 이후 아파트 값이 2억 원 이상 상승했다. 이렇게 K아파트는 가만히 있어도 숲길의 최대 수혜지역이 되었고 재산 가치를 불렸다. 따라서 국민의 돈인 예산을 투자한 서울시는 해당 소유권을 빼앗자는 것이 아니라 적어도 불로소득에 대하여 정확한 환수구조를 만들어 지가 및 집값 상승을 규제해 재산 값을 종전과 동일하도록 하는 것이 맞다. 이런 것이 바로 '토지공개념'이다.

최근 문재인 정부는 헌법에 토지공개념을 도입하겠다고 발표했다. 사실 이런 개념은 이승만 정부에서 '토지개혁'으로 시작되었고, 박정희 정부에서 본격적으로 논의되었고, 노태우 정부에서 토지공개념을 입법했다. 토지공개념의 정확한 뜻은 '토지의 공공성'이다. 그 뿌리는 영국 초기 자유주의자들의 자연법적 토지철학이다.

그동안 국민세금으로 공원을 조성하고 도로를 만들었고 지하철 개설과 역세권 개발로 주변 땅값이 많이 올랐다. 공원도로를 신설하고 철길을 내고 역을 만들고 주위 환경개선을 개선한 돈은 전부 국민 세금이다. 그런데 이런 정보를 미리 알고 빼낸 정치인 고위공무원이나 부자 몇 명이 대로변과 역 주위에 사둔 부동산 이익을 다 챙겨갔다.

돈은 세금으로 걷어 정부가 공공부문에 투자하면 소수 몇몇이 그 이익을 가져간 것이다. 이것이 지금까지 우리 현실이었다. 그래서 상위 1~2%가 국토의 절반을 갖고 있게 된 듯하다. 국가개발사업에 자기 돈을 투자한 것도 아니고, 자신들의 힘과 권력으로 부정하게 얻을 정보를 통하여 국민세금으로 조성된 도로와 공원역 철로 및 주변 환경개선사업의 혜택을 독식했던 것이다. 이런 불로소득에는 세금으로 70~80%이상을 부과하는 것이 맞다.

혈세로 개발된 전국 방방곳곳의 부동산 차익을 지난 수백 년 간 머리 좋고(?) 정보 획득에 능통한 소수가 챙겨간 것이다. 이것을 국가가 통제하고 몰수하는 토지국유화 방식을 공산사회주의라고 한다. 하지만 문재인 정부는 이렇게 생긴 시세차익에 세금을 부과하여 다시 국민을 위해 쓰겠다는 것이다. 이것이 바로 토지공개념인 것이다.

아무튼 토지공개념과 함께 '재건축 초과이익 환수제'의 도입으로 재건축이 불가능하다는 소리를 한다. 지난 수백 년 동안 낙후된 환경에서 살다가 막상 재개발이라는 명목으로 주거환경이 개선되었는데 돈이 없어 삶의 터전에서 떠나게 되는 상황이 사실은 정말 비정상이다. 그리고 새집을 사서 들어왔다는 이유로 갑자기 권리를 갖게 되는 것 또한 웃기는 일이다.

문제는 이런 것들에 대한 근본적인 해결책은 경제정책이 아니라 정치정책이며 정치인의 몫인 것이다. 영주 같은 시골에서도 재건축 초과이익 환수제를 적극적으로 실시하여, 지역에서 발생하는 재개발 이익을 지역에서 일고 있는 진정한(?) 의미의 도시재생 사업에 쓰이도록 해야 한다. 그리고 제대로 할 자신이 없으면 차라리 Benign Neglect하고 조금 더 두는 것이 바람직하다. 훗날 적임자가 나오면 그때해도 늦지 않다.

그래야 나중에 적임자가 오면 걷기 좋고 나무가 많으면서 저층구조의 녹색도시를 제대로 만들 수 있다. 구도심개발은 건폐율 하향. 용적률 낮추기. 의무조경 비율상향, 근린공원 확대 등을 통한 저밀도, 수풀도시를 지향하는 것이 바른 방향이라고 본다.

12. 나는 난개발보다 모두가 행복한 영주를 꿈꾼다.

지방 소도시에 단독주택을 밀어버리고 아파트를 짓고 논밭을 밀고 공장을 지으면, 스키장이 생기고 리조트가 만들어지고 골프장이 조성되면, 지역발전도 되고 새롭게 고용창출도 되어 주민 소득이 늘어나면서 정말 행복해지는 것일까?

그러나 실재는 강원도에 모 스키장이 생기면서 기존에 산에서 눈썰매를 즐기던 사람들이 갈 곳이 없어졌고, 스키장 주변은 땅값이 올라 농민들은 삶의 터전을 잃었다. 여기에 스키장에 고용된 지역주민들은 대부분 계절제 비정규직 노동자로 청소와 경비 혹은 식당일에 종사하는 사람들이 대부분이다.

수입도 불규칙할 뿐 아니라 지역경제에 별로 도움이 안 되는 일을 하고 있을 뿐이다. 스키장에서 발생하는 수입은 저녁에 마감되면, 당일 밤이나 다음 날 아침이면 전부 서울 본사로 송금되어 지역에는 돈이 돌거나 풀리지 않는다.

지역에 남겨지는 것은 알량한 비정규직 고용과 쓰레기 및 똥물뿐인 것이다. 정말 스키장 개발 이전으로 돌아가고 싶다는 사람들이 많다. 그저 평범하게 농사나 짓고, 평소처럼 산에 올라 눈썰매를 탈 수 있었으면 더 좋을 것 같다고 한다.

섬나라 제주의 경우에도 비슷하다. 중문관광단지가 생기기 전에는 조용한 어촌마을이었던 곳이, 박정희 정부 주도로 어느 날 갑자기 관광단지가 되었다. 전에는 개별적으로 놀러온 가족들이 해수욕도 하고 민박도 하고 식당에서 밥을 먹으면서 주민들과 공생적인 관광과 휴가를 즐길 수 있었던 곳이다.

그런데 요즘은 대기업계열 호텔과 식당 등이 이곳을 차지하여 내부에서 모든 것을 즐길 수 있는 편안한(?) 관광지로 바뀌었다. 진정으로 지역주민들과는 무관한 휴양관광지가 된 것이다. 인근 주민들은 그저 비정규직 청소, 경비, 식당 용역 정도로만 일하고 있는 상황이다.

관광객들이 주민들과 접촉하는 경우는 전혀 없다. 그냥 이곳에서 며칠 쉬다가 가면 된다. 그러니 지역에 떨어지는 것은 약간의 월급과 오물뿐인 것이다. 수입은 대부분 익일 오전이면 서울본사로 귀속된다. 세금도 본사가 서울에 있는 관계로 지역에 내는 것은 일부분일 뿐이다.

공장 역시도 지역민 고용이라는 것이 사실은 비정규직, 단순 일

용직이 대부분이다. 이런데도 수많은 시군 지자체들이 스키장, 콘도, 리조트, 골프장, 공장 유치를 위해 애를 쓰고 있는 안타까운 상황이다.

사실 영주시 같은 경우에도 리조트나 콘도 및 골프장 유치보다는 소백산자락길 중간 중간에 민가를 개조하여 작은 여관이나 게스트 하우스 또는 식당, 휴게소 등의 점포를 만들어 운영하는 것이 지역민 소득증대 및 관광객들과의 소통에도 도움이 된다.

지역민과 실재적인 스킨십도 되고, 관광의 참 의미를 다시 배우고 느끼는 계기도 될 수 있는 것이다. 따라서 난개발보다는 촌스러움 시골다움을 유지하고 발전시키는 것이 지역이 살 수 있는 길이며 대안이 될 수도 있는 것이다.

모 대학 경제학과 교수 책에 따르면 지방도시는 앞으로는 반드시 지역 속에서 자생적 발전을 지향해야 한다고 말하고 있다. 지방분권화 시대인 지금은 지역 안팎과 적극적으로 소통하되 지역의 미래는 지역민 스스로가 결정해야하는 시기가 되었다는 것이다.

실제로 이제까지 지역주민들은 '외생적(外生的, 경제체제의 외부에서 결정되는 것)' 개발에 익숙하기 때문에 정부지원 없이는 일을 하려 하지 않는다. 스스로 생각하고 고민하지 않는 게 문제였다.

따라서 이런 외부적인 요인을 내부 자생력과 결정력으로 추진하는 마음과 자세가 중요한 시기다. 사실 21세기는 국내총생산 보다 국민총행복이 더 의미 있는 시대가 되었다. 다시 말해서 국민총행복은 아직 행복하지 않은 사람들을 전부 행복하게 하는 것이다.

빈곤과 결핍보다 더 무서운 것은 앞으로도 가난으로부터 벗어날 수 없을 것이라는 절망감이다. 만약 가난한 이들에게 적절한 교육기회와 건강한 생활이 보장된다면 미래를 설계할 수 있는 여유가 생기는 것이다.

그래서 세계적으로도 기본소득에 대한 논의가 확산되고 있고, 무상교육과 무상의료가 당연히 되는 시대가 되어가고 있는 것이다. 우리가 생각하는 이상적인 정부의 모습은 지방과 농촌농민이 행복해야 국민이 행복해지는 것이다.

국민총행복 증진을 위해서는 농업과 농촌의 본래 가치가 제대로 실현돼야 한다. 물질의 풍족함은 물론 건강, 교육, 문화, 공동체, 여가, 환경, 평안한 심리상태 등 다양한 요소들이 균형 있게 충족돼야 한다.

서서히 성장하지만 지속가능한 농업과 농촌이야말로 이러한 국민총행복의 토대이며, 그러한 사회가 실현되기 위해서는 농민의 삶이 지속가능하고 행복해야 한다. 앞으로 정부시책을 경제성장에서 국민총행복으로 전환되어야 한다.

경제성장 지상주의라는 잘못된 농촌정책은 역대 정부의 농정이 실패한 원인이었다. 경제성장을 위해서는 다른 것을 희생해야한다 혹은 희생해도 좋다는 생각이 팽배했고 농민과 농업은 그에 따른 희생양이었다.

농정철학의 부재. 농업과 농민농촌의 실정을 구체적으로 알지 못하는 행정 관료와 정치인들이 이해관계자들을 무시한 채 정책을 좌지우지해 왔다. 당장이라도 농업과 농촌이 가진 다원적 가치의 회복이 중요하다.

농정목표를 경쟁력 지상주의에서 국민총행복 증진에 기여하고 농업과 농촌의 가치를 극대화하는 다기능 농정으로 전환해야 한다. 우리농업은 식량생산자로서 기능할 뿐만 아니라 경제적 사회문화적 환경적으로도 다양한 기능을 수행하고 있다.

이러한 다기능 농업에 기초해볼 때, 농촌은 단순한 식량생산 공간이 아니라 생활공간, 경제활동 공간, 환경 및 경관 공간, 문화 및 휴식 공간 등의 역할을 원만하게 수행하게 되는 것이다.

농촌은 건강한 식품의 안정적 공급, 자연자원과 환경보전, 생물다양성증진, 전통문화 계승발전, 공동체 행복증진, 휴양과 안락한 교육공간제공, 지역사회와 평안한 관계유지 등을 통해 국민총행복에 기여해야한다.

앞으로 농촌과 지방 소도시가 살기 위해서는 건전한 개발관(觀) 및 발상 시각이 다른 농민관(觀) 농정관(觀) 농촌관(觀)을 가진 안목 있는 지도자의 등장과 함께 지역리더로서 확고히 자리 잡고 있는 정치인이 필요하다. 아울러 지역대학 출신이면서 지방과 끊임없이 소통하여 지역 일에 솔선수범하는 인재를 만들어 내고 주도하는 사람을 주민과 대학이 협력하여 지속적으로 양성 배출해야 한다.

그래서 지역대학의 역할도 점점 커지는 것이며, 올바른 지역개발의 틀과 방향성을 모색할 수 있도록 지자체와 협력하여 바른 정책을 만들어 가는데 도움을 주고받는 것도 중요하다. 그래야 앞으로 지방 소도시에 살고 있는 사람들도 개발이나 정책에 소외되지 않고 국민총행복이 증대된 세상에서 살 수 있는 것이다.

※박진도 충남대학교 경제학과 명예교수의 〈부탄 행복의 비밀〉(한울아카데미) 참조

13. 유럽 뒷골목처럼 걷기 편하고 살기 좋은 영주 만들기

개인적으로 궁궐보다 사람이 살고 있는 도시 뒷골목을 더 좋아한다. 사람이 살고 있는 것과 살지 않는 것에는 분명 온기와 정감이 다르기 때문이다. 조선궁궐은 해방 이후 대부분 복원되었지만, 왕실은 없어졌고 사람이 살지 않는 박제(剝製)화된 문화유산이다.

그런 곳에서 사람냄새와 감성을 느끼는 것은 쉽지 않은 일이다. 그래서 나는 도시 뒷골목을 자주 찾고 좋아한다. 틈이 나는 대로 서울 종로, 중구, 성북구 골목을 거닐고 산책한다. 내가 살고 있는 성북구에도 집 근처에 오래된 한옥이 많고 골목이 나름 살아있다.

낡은 한옥을 개조한 치과에서부터 식당, 찻집, 최근에는 게스트하우스까지 쉽게 찾아볼 수 있다. 지금도 곳곳에 단독주택이 많이 남아있어 걷기에도 괜찮다. 모 대학 건축과 교수의 책을 읽다 보면 이런 재미난 내용이 나온다.

고층빌딩이 즐비한 서울 강남 테헤란로에서는 운동이나 산책하는 사람, 데이트를 즐기는 청춘들이 드물다. 그런데 가로수길,

명동 거리, 대학로, 종로, 홍대 앞거리에는 사람들이 넘쳐나고, 구불구불한 강북 뒷골목은 찾는 사람들이 점점 늘어나고 있다.

일단 강남 테헤란로를 한 번 살펴보자. 사무실이 빼곡히 들어찬 고층 빌딩들만 즐비하다. 그곳이 생업터전이거나 특별한 볼일이 있지 않는 한 자주 방문할 일이 없다. 특별나게 구경할 것도 쇼핑할 만한 것도 없기 때문이다.

그럼 명동이나 홍대 거리를 보자. 일단 다양한 가게들이 늘어져 있어 새로운 구경거리가 많다. 출입구도 많고 창문도 많고, 특이하고 멋진 가게도 보인다. 걸어 다니다가 배가 고프면 간단하게 먹을 만한 노점이나 상점들도 많고 중간 중간에는 극장이나 공연장도 있다.

수많은 이벤트 요소가 다양하게 분포하는 곳이다. 유럽 오래된 도시는 볼 것도 많고 인도가 넓으며 걷는 사람 위주의 짧은 블록 단위로 구성되어 있어 도보여행에 좋다. 반면 도로가 넓고 자동차 위주로 만들어진 미국 뉴욕 같은 대도시들은 격자형으로 크고 지루하게 형성되어 있다.

그 뿐 아니라 블록도 광역으로 구획되어 있어서 상대적으로 지루하고 이벤트 요소가 적다. 쉬면서 천천히 걸어 다니며 관광하기에는 유럽 오래된 도시가 훨씬 편하고 좋을 수밖에 없는 것이다.

유럽 오래된 도시들은 모두가 지역주민들을 중심으로 휴먼 스케일에 맞춰져 있다. 건축자재도 지역에서 구하기 쉬운 것들을 사용하기 때문에 저절로 멋과 운치가 묻어난다. 여기에 그곳의 역사와 문화가 더해져 지역마다 조금씩 다른 색깔이 만들어진다.

이런 도시는 스카이라인도 산과 강 등 자연과 조화를 이루며 특색을 갖고 있다. 고층 건물이 마구 솟아 있는 비슷비슷한 현대도시의 스카이라인과는 분명하고 확연하게 다르다. 오래된 도시와 현대도시는 건축물을 짓는 마음과 자세도 확실히 차이를 보인다.

자연과 조화를 이루며 순응하는 자세로 지은 옛 건축물과 달리 현대건축물은 아쉽게도 자연을 극복 혹은 정복 대상으로 바라보고 만들어진 것들이다. 우리 선조들은 경사진 곳에 정자를 짓고 그냥 자연을 즐긴데 반해, 현대건축은 경사지에 축대를 쌓아 땅을 평탄작업한 뒤 그 위에 튼튼하고 획일화된 아파트를 지으며 커다란 옹벽까지 만드는 방식이다.

몇몇 건축물은 자연에 순응해서 지어지기도 했지만 말 그대로 소수에 지나지 않는다. 우리 옛 건축물들이 자연과 순환 교류하는 방식으로 지어진 것을 생각하면 참으로 안타까운 일이다. 물론 무조건 옛 건축양식이 좋고 바르다는 것은 아니다.

시대마다 수요와 한계가 다르기 때문이다. 하지만 자연을 대하는 방식에 있어 현대건축은 아쉬운 점이 많다. 문화 및 자연환경이 다른데 획일화된 건축양식을 도입하는 것은 지방의 특장점을 살리지 못하거나 단점을 덮지 못하는 것이다.

그래서 전국 어디를 가도 비슷비슷한 모습의 풍경이 획일적으로 지루하게 펼쳐지게 된 것이다. 특히 도시의 학교 운동장은 그저 새벽에 조기축구나 할 뿐 공동체와 밀접하게 연관되어 있지 않다. 학교 운동장은 고밀도 도심 속에 삶의 여유를 주는 좋은 자원인데도 말이다.

교회를 중심으로 하는 유럽 광장 주변에는 예외 없이 분수대 카페 레스토랑 상점 노점이 늘어서 있다. 도심 학교 운동장 주변으로 그런 상점들이 들어선다면 운동장을 광장처럼 사용하면서 학교 중심 공동체 형성과 학교 보안 문제라는 두 마리 토끼를 잡을 수 있을 것이다.

이는 물론 도시계획 초기단계에서 토지이용계획을 잡을 때부터 고려해야하는 문제이기는 하다. 지금 같은 방식의 도시설계나 단지계획에서는 만들어지기 어렵다. 분명한 것은 근린생활시설과 학교는 악어와 악어새처럼 편안하게 상생할 수 있는 공생관계이다.

아이들이 뛰어노는 학교운동장을 바라보면서 우아하게 차를 마실 수 있는 도시, 행복한 도시경관이라고 생각되지 않는가? 나는 걷기 좋으며 살기편한 골목이 살아있는 유럽도시와 학교 중심 지역사회를 적극적으로 영주에 도입할 것을 제안해 본다.

영주의 미래는 자동차가 쌩쌩 달리는 뉴욕 보다는, 걷기 좋고 편안한 유럽 뒷골목 같은 풍경이 더 좋지 않을까? 영주의 경우에도 도심에 있는 학교를 중심으로 걷기 좋은 행복한 도시를 만들고, 또 다른 한축으로 영주시에 산재한 살아있는 근대문화유산종교시설 자연유산에 두는 것이 좋을 것이다.

또한 '태극당제과점' '영주대장간' '신창정미소' '진흥제재소' '삼화직물' '대성임업' '풍국정미소'와 같은 경상북도 지정 향토뿌리기업이나 도심재생사업을 위해 새롭게 조성한 '할매묵공장' '할

배목공소사회적협동조합'등을 축으로 하여 답사형식의 걷는 문화 보행자 전용도로 빵집 공원 찻집 공연장을 만들어 가는 것도 중요한 일이다.

도심은 이런 방법으로 재생 리모델링하고, 가흥택지는 지역특성과 문화에 맞게 영주에서 나오는 자재를 활용하여 '영주시 공공건축가'들을 중심으로 새로운 건축문화와 더 나은 도시 틀을 창의적으로 만들어 가는 것이 적당할 것이다.

도시설계와 구조 등은 전문가들에게 다시 한 번 의뢰하여 도심전체를 재설계해야하는 절박하고 중요한 시점이 되었다. 물론 지역에 있는 건축사 사무소 역시도 이미 영주를 알고 있는 사업자인 관계로 도움 받는 일은 필수사항이다.

＊ 유현준 홍익대학교 건축대학 교수의 〈도시는 무엇으로 사는가〉(을유문화사) 참조

14. 지방소멸의 시대,
매력 있는 동네엔 사람들이 제 발로 찾아온다.

보통의 개발논자들은 주로 구도심을 전부 부시고 갈아엎은 다음, 전체를 다시 짓는 방식의 재개발을 원한다. 깨끗하고 보기에 괜찮고, 저비용으로 개발하기에도 편리하다는 논리다. 하지만 예전 추억과 역사는 모두 쓰레기더미가 되어 사라지고 만다.

이런 개발 논리와 콘크리트를 통한 건설문화는 아직도 한국과 일본에서는 살아서 움직이고 있는 유령과 같은 존재로 곳곳에서 좀비처럼 움직이고 있다. 생각보다 많은 빈집 숫자인 820만호를 자랑하고 있는 일본에서도 아직 여기저기에 초고층 타워 아파트가 건설되고 있다.

일본의 심장부에 위치한 도쿄만 지대를 중심으로 초고층 타워 아파트가 빠르게 늘고 있다. 빈집이 점점 늘고 있고 인구도 감소추세에 있는데, 지속적인 고층 아파트 건설은 종국에는 미래세대에게 큰 부담을 줄 것이 뻔하다.

이미 일본의 주택 숫자가 가구 수를 훨씬 초과한 상태이고 820만호를 넘긴 빈집이 지속적으로 늘어나고 있다. 그런데도 태어나지도 않은 미래 세대에 대한 악영향은 전혀 생각하지 않고 아직도 화전민들이 지속적으로 이동하면서 거주지를 곳곳에 확장해 나가듯 대량으로 초고층 아파트를 마구 짓고 있는 것이다.

2020년 제32회 도쿄올림픽 특수를 맞아 오늘도 도쿄만 주변지대에는 높이 100m 이상 타워 아파트들이 대규모로 건설되고 있다. 고도 성장기였던 1970~90년대 천정부지로 뛴 주거비용을 감당할 수 없게 된 도시서민들이 장거리 통근을 감당하면서 변두리로 떠나면서 도심에는 급격한 인구감소 현상이 나타났다.

이에 정부와 지자체는 도심공동화 현상을 완화하기 위해 뉴타운 개발사업 등을 통하여 주민들을 도심으로 다시 유인하는 것을 정책 목표로 삼게 된다. 결과적으로 2000년 이후 용적률 상향조정 등 본격화된 건설규제 완화 조치로 나타났다. 이런 가운데 경기침체로 도산한 기업들의 도심 공장창고 부지 등이 많이 있던 도쿄만 지역에 건설업체들이 속속 초고층 아파트를 지은 것이다.

맞벌이 가정의 출퇴근 및 일가정 양립 지원정책에 따른 편의성과 부동산 투자열기의 부활도 고층 아파트 수요를 부추겼다. 현재 고층 아파트 지역에서는 다양한 부작용이 지속적으로 나타나고 있다. 건물과 건물 사이 일조권 조망권 갈등과 급격히 늘어난 인구로 주차 교통대란과 어린 학생들 때문에 보육원, 초등학교, 중학교 등 어디를 가도 초만원 사태에 시달리고 있다.

신축 타워 아파트가 많은 전철역은 극심한 출퇴근 혼잡으로 안전사고 발생 가능성이 급증했다. 여기에 도쿄하계올림픽 이후에 이어질 난개발 파산의 위험은 어디에도 아직 경고등이 보이지 않지만, 생각보다는 위험한 것이 현실이다.

사실 서울과 같은 대도시도 난개발이 문제인데, 지방 소도시 역시도 난개발에 구도심이 서서히 죽어가고 있는 상황이 계속되고 있다. 지속적인 인구감소는 지방으로서는 큰 도전임에 분명하지만 지역마다 그 문제를 스스로의 미래를 새롭게 생각해보는 계기로 삼는다면, 그것이야말로 재생의 첫 걸음이 될 것이다.

일본과 유사한 닮은 꼴 형태로 현재 100만호를 넘기고 있는 빈집의 증가와 인구감소 사회로 바뀌어가는 한국에서도 외국의 사례를 잘 분석하고 연구하여 인구감소를 고민만할 것이 아니라 젊은이를 끌어들이는 지방소도시로 거듭나기 위한 구체적이고 실증적인 대책을 마련하는 것이 중요하다.

'향후 30년 내에 대한민국 228개 기초지자체 중 85곳이 사라질 것으로 예상된다.'라는 보고서는 2017년 9월 한국고용정보원이 진행한 '한국 지방 소멸2' 연구결과다. 내용 중 특히 사람들의 이목을 집중시킨 건 위험도에 따라 붉은색부터 파란색까지 각 지자체의 현황을 분류해놓은 지도였다.

흡사 묵시록 같은 느낌을 자아낸 이 지도의 이미지는 '지방 소멸'이라는 선정적 단어와 맞물리면서 우리 사회에 적잖은 파장을 일으켰다. 소멸 예정 리스트에 오른 지자체들은 말 그대로 발등에 불 떨어진 듯 대책을 마련하기 위해 나선 것이다. 지방 소도시 영주시도 마찬가지라고 생각된다.

사실 지방 소멸 이라는 말은 우리보다 먼저 저출산과 고령화를 경험한 일본에서 건너왔다. 우리도 이제 '도시 재생'이나 '지방 살리기' 등으로 이 말을 받아쓰고 있다. 이제 지방 소도시도 정말 진지하게 인구감소와 도시 재생에 대한 고민을 스스로 질문하고 정확한 대책과 방안을 찾아야 할 때다. 저출산과 고령화가 무서운 속도로 진행되는 한국 사회에서 지방 마을공동체의 미래는 어떻게 될 것인가?

먼저 마을이 생기고 작동하는 원리부터 정부 및 각 지자체가 표방하는 인구 유인책의 모순과 맹점들, 쇠락을 극복하고 멋지게 부활해 젊은 이주자들로부터 환영받는 농촌의 생존모델에 이르기까지 인구감소 시대에 마을이 나아갈 길을 정확하고 생생한 목소리를 이해하고 분석할 필요가 있다.

가장 가까운 사례를 외국에 나가서 찾는 것도 있지만, 책이나 한국 곳곳의 성공한 지자체를 적극적으로 방문하는 것도 쉬운 방법이다. 사실은 지역 재생이라는 목표 아래 정부가 추진하는 서울과 지방 간 인구 균형 맞추기 대책이 실은 더 낭비적이고 비현실적이다.

지방 인구가 감소하는 것이 사실이라 하더라도, 어떤 즉각적이고 인위적인 정책을 통해 기계적인 균형을 찾으려 해서는 안 된다. 인구 재편이란 행정가들이 생각하는 것처럼 쉬운 일이 아니다. 청춘은 원래 활기 넘치는 도시를 좋아하기 때문에 그곳으로 몰리는 것이다.

임신과 출산 가능성만을 따져 젊은이를 억지로 지방으로 불러들이려고 만든 대표적인 정책이 '출산보조금'이다. 보조금을 받고 아이 한두 명 낳을 수는 있지만, 그런 식으로 유효한 숫자의 젊은 층을 눌러 앉히는 것은 불가능하다. 이런 식의 정책은 결국 우리가 낸 세금을 낭비하면서 한정된 인구를 지자체별로 서로 더 갖겠다고 아우성치는 제로섬 혹은 마이너스 섬게임, 말장난에 불과하다.

그렇다면 인구감소 시대를 맞아 마을은 어떤 방법으로 활로를 모색해야 할까? 정답은 간단하다. 보다 매력적인 거주 환경과 창의적이고 생산적인 알찬 일자리를 만들면 된다. 팍팍한 도시생활을 벗어나 이 동네에서 살아보고 싶다는 욕망을 불러일으키는 마을을 만들면 된다.

이곳에 정착해 돈 벌고 아이 낳아 기르고 일상의 행복을 영위할 수 있겠다는 확신을 주는 동네가 생각보다 세상 곳곳에 많이 있다. 그럼 인구 한계에 직면한 지역은 손가락만 빨고 있어야 하는가. 마을재생을 통한 매력적인 환경과 제대로 된 일자리가 지방을 살릴 수 있다.

경쟁에 찌든 도시를 벗어나 이런 곳에서 살아보고 싶다는 욕망을 자극하는 동네, 여기 정착해 돈 벌고 아이 낳아 기를 수 있겠다는 확신을 주는 동네로 가꾸는 것이다. "말이 쉽지"라는 핀잔을 듣기 쉬운 이 해결책이 실제로 구현된 일본의 사례를 보자.

우선 '이로도리'라는 영화로도 소개된 일본 도쿠시마(德島)현의

나뭇잎 사업을 살펴보자. 할머니들이 나뭇잎을 팔아 매해 1,000만 엔을 번다는 이야기에 솔깃해 이를 벤치마킹하려는 사람들이 줄을 잇지만 이 마을의 사업모델은 아무나 쉽게 따라 할 수 있는 게 아니다.

가을에 벚꽃이나 푸른 단풍잎의 시장 수요에 대응할 수 있을 만큼 철저한 마케팅과 사업계획 구축을 통해 작물 재배와 수확이 이뤄지기 때문이다. 이 마을의 일본 내 시장점유율은 70%에 이른다. 이러니 젊은 사람들이 일을 배우고 또 일을 하면서 공부하며 유유자적하는 마음으로 이 시골마을에 정착하게 되는 것이다.

다른 하나는 젊은 이주자에게 어업권까지 개방한 도쿠시마현 이자리 항구의 모습이다. 도시 청년들을 대상으로 하는 어촌 유학 프로그램으로도 유명한 이 항구에서는 바닷가로 이주해서 어부가 되기를 희망하는 이주민에게 자신들의 곳간이나 다름없는 어업권까지 별다른 조건 없이 개방한다.

그러나 보니 나이든 토박이 어부보다 젊은 신참어부의 수확량이 더 많다는 이야기까지 나올 정도다. 돈이 없고 별다른 능력이 없어 이 마을에 정착하면 일도 배우고 살길이 열리는 관계로 어부가 되길 희망하는 젊은이들이 몰려들고 있다.

그리고 다른 성공사례 또 하나는 사양 산업에서 첨단제품을 만들어내는 후쿠이(福井)현 이야기다. 안경테 가공으로 유명한 이 소도시에는 에치젠 칠기라는 전통 산업이 있다. 그런데 최근 들어 칠기 판매가 줄자 젊은 인력들과 손잡고 문구나 스마트폰 케이스 같은 팬시상품을 만들어 고급 브랜드로 출시했다.

또 섬유업 등 오래된 제조업에 신기술과 창의력을 더해 새로운 첨단제품을 속속 개발해내고 있는 것이다. 물론 성공 사례는 지자체와 마을 주민이 합심해 죽기 살기로 덤벼 마을재생을 이뤄낸 결과다. 또한 정책 성공의 요인 중에는 기존 주민의 배타성을 깨끗이 털어내고 완벽한 하나의 공동체를 만들어낸 후에야 가능했다.

우리도 전통에 새로운 옷을 입히면 무엇이든 가능할 수 있다. 안동 하회마을에는 농산물을 그냥 시장에 내다 팔던 방식에서 벗어나, 지역 특산물인 도라지, 우엉 등을 전통차로 만들어 팔면서 수입도 늘리고 고용도 대폭 늘린 농업기업인 '부용농산'이 있다.

또한 영주에서는 지역에서 생산된 고구마를 가공한 고구마 빵

'고구맘'과 풍기인삼을 가공한 여러 가지 인삼제품을 만들고 유통하는 기업들이 있다. 여기에 스님들이 주로 먹는 부각을 가공한 '한부각공장'이나, 지역 특산품인 부석태를 가공하는 간장과 된장공장, 목련이나 벚꽃을 이용한 꽃차가공공장, 봉화 달실마을 한과공장 등도 주목해야 할 듯하다.

예천에서는 꿀을 소분할하여 스틱형으로 만들어 판매하는 가공업체도 있으며, 지역 특색에 맞는 곤충을 이용한 빵도 출시되고 있다. 저출산과 고령화와 인구감소는 일찍이 우리 사회가 경험한 적 없는 아주 특수한 현상이다. 또 이로 인해 많은 게 달라질 수 있다.

우리와 크게 다르지 않은 길을 조금 앞서 걷고 있는 일본 등의 선진국 사례를 냉철하게 분석하면서 현실적인 마을 재생법을 제안하는 것이 현재 한국 사회의 지방 소도시가 고민하는 문제를 진단하고 그 해결책을 모색하는 데도 적잖은 힌트를 줄 것이다.

우리 영주에서도 도시 재생 사업의 일환으로 구도심에 쓸모가 줄어든 건물을 활용하여 한국미술협회장과 홍익대 미술대학장을 지낸 영주출신 故이두식 미술관 건립이나 구성공원에 지역작가들의 작품을 전시하는 갤러리나 조각공원도 고민해볼 문제다.

여기에 마당이 넓은 빈집을 개조한 갤러리 예술카페 등을 만들어 도심 활성화사업을 하는 것이 또 다른 대안이라고 생각한다. 영주시의 '할배목공소 사회적협동조합' '할매묵공장' 등은 이래서 더 멋진 성공한 도시 재생 사업이라고 할 수 있는 것이다.

*일본 사례는 〈젊은이가 돌아오는 마을〉후지나미 다쿠미 지음.
　도서출판 황소자리 참조

15. 남원천변에서 풍기읍내로 풍기인삼축제행사장 이동

영주에서는 요즘도 크고 작은 축제들이 열리고 있다. 대표적인 것으로 '경북영주 풍기인삼축제' '영주한국선비문화축제' '무섬외나무다리축제' '영주사과축제' '소백산능이축제'가 있다. 봉현사과꽃축제, 문수포도축제 등 다른 축제는 이미 없어져서 마음 아프다.

대체로 영주시가 주관하는 행사도 있지만, 지역단체나 주민들이 자발적으로 하는 행사도 있다. 장소적인 측면에서 보자면 풍기인삼축제는 풍기읍 남원천변 일원에서 열리고, 선비문화축제는 순흥면 선비촌에서, 외나무다리축제는 무섬마을 모래밭에서, 사과축제는 부석사 앞 주차장에서, 능이축제는 부석면 콩세계과학관 앞에서 열리고 있다.

개인적으로 다른 축제는 공간적으로 크게 무리가 없다고 생각한다. 그런데 딱 하나 풍기인삼축제의 경우에는 몇 번 영주시에 건의를 했지만, 장소가 바뀌지 않고 있다. 축제를 주최주관하는 영주시와 영주문화관광재단에서는 "장소변경의지는 있다"고 말한다.

하지만 영주시 관계자는 프로그램을 진행하는 대행자인 풍기인삼축제조직위원회와 후원하는 풍기인삼농업협동조합, 풍기인삼생산자판매조합 등이 "장소를 변경할 의지가 없는 것 같다"고 한다. 그럼 왜 오랫동안 남원천 일원에서만 행사가 열리고, 풍기읍내로 행사장이 이동하지 않는 것일까?

거기에는 몇 가지 이유가 있는 것 같다. 우선 행사장 변경의지가 있다고 말하는 영주시와 영주문화관광재단이 보다 적극적으로 논의를 하고 있지 않기 때문이다. 수십 번 공청회를 해서라고 필요하다면 의견을 모으고 모은 의견을 집행하면 된다. 그런데 영주시와 영주문화관광재단은 내부논의만 할뿐, 공개적인 시민

토론회는 하지 않았다.

두 번째는 인사하기 좋아하는 기관장, 단체장들의 문제다. 행사가 잘 되건 못되건 상관없이 행사장에 사람이 왕창 모이고 그 사람들 앞에서 폼 잡고 인사말이나 하면 표가 된다는 의식이 남아 있기 때문이다.

그래서 남원천에 사람을 모아두고 인사말하고 행사하는 것이 편한 것이다. 마지막은 행사 프로그램을 진행하는 대행자인 풍기인삼축제조직위원회의 소극적인 태도와 부스 임대수익에 있다. 최근 모 일간지에 보도된 기사에 따르면 풍기인삼축제조직위원회가 축제장에 설치운영한 식당과 농특산품 판매 부스의 임대료 수억 원을 예산에 편입하지 않고 챙긴 것으로 드러났다.

민간인으로 구성된 풍기인삼축제조직위는 매년 영주시 등으로부터 8억 원 안팎의 보조금을 받아 축제를 주최 주관하는 보조사업자임에도 보조금 관리에 관한 법률을 위반했다는 지적이다. 2014~2016년 열린 풍기인삼축제장에는 가로세로 5m 크기의 부스가 각 220, 233, 228동 설치돼 임대업체들이 식당과 농특산품, 식품, 생활용품 등을 전시 판매했다.

매년 축제기간에는 행정안내 등 관리지원용 무료 부스를 제외하더라도 줄잡아 180여동의 판매업체들이 부스 임대료를 풍기인삼축제조직위에 냈다. 축제 9일 동안의 임대료는 부스 당 70만~90만원으로 풍기인삼축제조직위는 연간 1억6,000여만 원, 3년 동안 5억여 원을 챙긴 것으로 추산된다.

이에 대해 이창구 풍기인삼축제조직위원장은 "영주시에서 부스 임대료 정산을 요구한 적이 없어 하지 않았다"며 "부스 수익금은 조직위 직원 인건비와 축제 자부담 등에 썼고 회계장부도 있으니 언제든 공개하겠다"고 말했다.

한편 2017년 11월 27일 기동감찰, 부패행위 신고사항 처리 등을 담당하는 감사원 특별조사국 4과 직원 2명이 삼일 동안 현장 감사를 했고, 아직 공식결과발표는 나오지 않았다. 감사를 진행한 경북도청 관계자는 "아직 감사내용은 정리 중이다. 현재로서는 부스 운영비에 대한 사용내역과 장부는 법적으로 문제없다"라고만 밝혔다.

그렇다면 풍기인삼축제조직위원회 역시에 축제장을 옮기는 문제에 대해 크게 반발할 이유가 없는 것으로 보인다. 또한 이런 문제는 영주시, 영주문화관광재단, 풍기인삼축제조직위원회, 풍기인삼농업협동조합, 풍기인삼생산자판매조합, 지역농민 및 상인들이 수백 번을 만나더라도 논의하고 토론하여 새로운 결론을 만들어 가는 것이 옳은 방법이라고 생각하다.

그럼 축제장을 옮기는 문제가 왜 필요한지가 중요하다. 우선 기존 남원천 행사장은 주차장으로 사용하는 것이 좋을 것 같다. 그리고 주차비는 하루 5,000원 내외로 받고, 영수증은 지역에서만 통용되는 상품권(지역화폐)으로 준비한다.

따라서 주차는 공짜로 하는 것이고, 주차비로 지역화폐를 받게 되니 당연히 이 지역화폐를 풍기나 영주에서 반드시 쓰게 된다. 이것이 필연적으로 소비하게 하는 마법이다. 인삼을 사든, 사과를 사든, 밥을 먹든 그것은 개인 자유다. 그리고 행사장은 풍기 읍내로 이동한다.

우선 가장 넓고 큰 대로를 4~5등분으로 나눈다. 그래서 순차적으로 이동하면서 행사를 개최한다. 올해는 1등분, 내년은 2등분 순으로 말이다. 순환해야 불만이 줄어들 수 있다.

우선 등분으로 나누는 경우를 상정하자면 올해 행사장으로 쓰이게 되는 구간에서 장사하는 상인들은 그냥하면 된다. 구간에 포함되지 않은 상인들이나 농민들은 구간 안에 2~3겹으로 부스를 만들어 진입하면 된다. 물론 그곳 부스는 부스 임대료를 받으면 된다.

그리고 차량은 자연스럽게 통제하는 것이 좋다. 축제 구간 안에 포함된 구역은 매년 도시재생사업비를 투자하여 건물수리도 하고, 나무도 심고, 화단도 만들고, 간판도 새로 달고, 도색도 다시 하면서 지역을 정비하는 것도 중요하다.

지역을 순회하는 관계로 이런 지원 사업을 몇 년 동안 하면 도시가 새롭게 정비되고, 주민생활도 편해지고 장기적으로 관광수요도 늘어난다. 또한 구간 안에 포함된 경우 자기 점포에서 장사를 하게 되는 관계로 방문자들과 스킨십도 더 커지고, 이후 재방문시 명함 한 장 만으로 쉽게 찾아 올 수 있는 측면도 강화되는 장점이 있다.

판매행사는 그대로 하고 각종 문화행사는 행사장 중간 중간에 간이무대를 만들어서 하면 된다. 절대로 큰 공연장이나 인사말을 하기 위해서 쓰이는 큰 무대는 없애야 한다. 그냥 작은 공연과 축제를 하면 되는 것이다. 외부에서 수천만 원을 호가하는 공연진을 초청할 필요도 없다.

지역에 있는 문화인들과 함께 노래도 하고, 공연도 하고, 그림도 그리고, 꽃도 전시하면 된다. 그러면 모두가 행복한 축제가 될 수 있는 것이다. 민주공화국에서 민주는 단순히 민주와 집중이라는 측면도 있지만, 공화(共和, republic)제의 기본인 모두가 행복하고 평화로운 세상을 위해서는 소외되고 차별받는 이들이 없어야 하기 때문이다.

풍기인삼축제는 인삼농사와 인삼판매상들만을 위한 행사가 아니라 영주사람 모두의 축제다. 풍기로 보자면 인삼농사, 사과농사, 인견공장을 하는 지역민 모두의 축제로 그들 전부가 기쁘고 행복하게 축제에 참여할 권리와 의무가 있는 것이다.

따라서 풍기인삼축제는 행사장을 옮기는 문제와 함께 풍기의 모든 농특산품들을 포용할 수 있는 건강엑스포 형식으로 축제의 외연을 확장할 필요가 있다. 그래야 모두가 행복해질 수 있다. 당장이라도 축제장 이전 문제를 논의하고 또 토론하면서 새로운 결론을 만들어내고, 축제장 이동과 외연확대를 깊이 논의하고 숙고할 시간이 필요하다.

16. 영주풍기인삼축제
   농민들이 홍보를 주관하면 어떨까?

지자체는 어떻게 홍보할까? 통상은 농업 및 문화관광분야 예산 가운데, 일부를 농산물 판매 및 홍보(방송, 언론, 옥외광고 등)에 쓰거나, 문화관광분야 예산 일부를 기자 및 블로거(Blogger, 블로그에 글을 쓰거나 운영하는 사람)들을 초대하여 여행이나 숙박, 식사 등을 제공하여 관련 기사를 쓰게 하는데 사용한다.

대부분은 지자체가 직접 방송, 언론, 블로거 등과 협력하는 경우도 있지만, 때때로 홍보대행사를 별도로 지정하여 업무전반을 위탁하는 경우도 있고, 가끔은 특정 방송 언론사와 직 간접적으로 제휴하기도 한다.

영주에서 농업분야는 안정면에 있는 농업기술센터가 주관할 것이고, 수시로 문화관광분야 관련 부서에서 집행하는 경우도 있을 것 같다. 2016년에 영주문화관광재단이 생겼으니, 아마도 문화관광분야에 대한 전반적인 예산집행 등은 이쪽에서 일관할 것이다.

그런데 영주풍기인삼축제 관계자들에 따르면 영주문화관광재단이 생겨서 옥상옥(屋上屋)이 된 것 같다는 표현까지 하는 것을 보면 아직까지 방향은 맞지만, 제대로 자리를 잡고 있는 것 같지는 않다는 생각도 든다. 민주와 집중에 따르는 토론과 공감이 부족하기 때문일 것이다.

아무튼 오늘은 홍보 이야기에 집중하자면, 개인적으로는 지자체가 중심이 되어 진행하는 홍보방식을 이제는 조금씩 바꿀 필요도 있지 않은가 하는 생각이 든다. 이제까지 지자체가 직접 혹은 홍보대행사에 위탁하여 시행하던 각종 홍보행사를 다른 각도로 잡아보면 어떨까?

예를 들자면 영주풍기인삼축제의 경우 행사주최는 영주시, 주관은 영주문화관광재단이 하고 있다. 여기에 풍기인삼축제조직위원회가 프로그램을 진행하는 대행자로 일하고 있다. 풍기인삼농업협동조합, 풍기인삼생산자판매조합 등이 후원하고 있다. 분명 '사공이 많으면 배가 산으로 간다'라는 걱정이 앞서는 대목이다.

아무튼 이런 상황에서도 축제홍보사업은 영주시와 영주문화관광재단이 주관이 되어 진행하고 있는 것으로 안다. 그런데 이제부터는 조금은 시선을 바꾸어 풍기인삼축제조직위원회가 축제 전반을 관할하고 홍보사업도 주관하여 진행하면 어떨까?

기존에 공무원들이 중심이 되어 영주홍보를 하게 되면, 아무래도 공무원다운 사고와 행동 및 판단으로 사업을 집행하게 된다. 왜, 시청에서 나오는 출판물이 너무 재미없고, 볼품없는 디자인인 것이 여러 개 있지 않은가?

그냥 출판사에 정식으로 외주를 주면 서점판매용처럼 멋진 책이 나오는데, 팔지도 주지도 못하는 출판물이 공공기관에서 수없이 나오고 있지 않은가? 그럼 풍기인삼축제조직위원회에서 홍보대행사를 결정하여 집행하면 어떤 일이 벌어질까? 물론 나중에 나오는 보고서가 우선 다를 것이다.

공무원들은 그저 보기 좋은 자료형식의 보고서를 요구하는 경우가 대부분이다. 실적은 자료로 남는 것이니까? 하지만 정작 그것이 풍기인삼의 홍보와 판매에는 도움이 되는지는 의문으로 남는다. 반대로 풍기인삼축제조직위원회에서 홍보대행사를 결정하여 사업을 집행하면 어떨까?

나오는 결과보고서는 조금 투박할 수 있지만, 정말 지역을 더 많이 아는 필요한 방문처가 나올 것이고, 더 맛있는 식당과 더 좋은 인삼재배 농가를 소개할 수도 있을 것이다. 세상의 모든 일에 기존과는 다른 형식과 내용으로 시선을 바꾸어 접근하는 자세와 마음이 필요한 시대가 되었다.

이제부터라도 축제에 대한 홍보예산은 해당 축제를 집행하는 농민, 농민단체나 행사추진위원회에 일임하는 것이 좋을 것 같다는 생각이 든다. 그래서 영주시의 2018년도 예산안 가운데는 개인적으로 가장 주목해서 보는 것이 몇 가지 있다.

그 중에 '영주농산물 홍보마케팅 14억 원' 가운데 단돈 2~3억 원이라도 해당 농작물을 재배하고 축제를 만들어 내고 있는 농민, 농민단체, 행사추진위원회에서 한번 집행하도록 하는 것은 어떨까 생각해 본다. 농민 및 농민단체들이 홍보대행사를 만나고, 결정하고 사업을 집행하는 것이다.

그리고 결과에 대해서는 지자체와 공동으로 논의하고 보고서를 받아보면 되는 것이다. 영주의 경우라면 영주풍기인삼축제와 영주사과축제 정도가 우선은 고려 대상이 될 것이다. 사고와 생각이 전환이 더 좋은 결과를 나오게 할 수도 있는 멋진 실험이 되었으면 한다.

출처 : http://www.ezpmp.co.kr/pds/portfolio/%ED%81%AC%EA%B8%B0%EB%B3%80%ED%99%98.jpg

17. '인삼세계엑스포' 영주에 유치한다고? 왜

영주시는 2017년 '영주풍기인삼축제'의 외연확장을 위해 금산에서 3번이나 치룬 '금산인삼세계엑스포'를 영주에 옮겨오는 '풍기인삼세계엑스포' 유치계획을 들고 나왔다. 장밋빛 청사진은 거창하다. 2017년 10월 21일 '2017경북영주 풍기인삼축제' 개막식에서 세계 속 고려인삼 종주국으로서 위상강화를 위해 '2021 경북영주 풍기인삼세계엑스포' 유치추진 선포식을 개최했다.

이날 선포식은 세계로 뻗어가는 풍기인삼 홍보영상과 각계각층으로 구성중인 추진위원회 대표위원 위촉식으로 시작되었다. 이어 세계인삼엑스포를 주도적으로 이끌어 갈 각 분야의 저명인사와 인삼분야 경작자, 인삼가공공장, 인삼전매인, 외국인, 영주시민 등이 함께하는 유치선언으로 이뤄졌다.

이에 따라 이번 선포식을 시발점으로 영주시는 입지선정 용역과 기본계획 및 타당성 연구용역을 시행하고 국제행사 계획 신청절차에 맞춰 유치준비를 해 나갈 계획이다. 특히 인삼산업의 전환점을 마련하기 위해 지난 2015년 인삼 관련 생산 가공 판매 유통 분야의 전문가들이 모여 인삼혁신단을 출범했다.

이를 통해 다양한 의견 교환과 생산자 스스로 엄격한 품질관리 방안을 강구해 여러 가지 자생방안을 찾고자 노력중이다. 선포식을 계기로 영주시는 2021경북영주 풍기인삼세계엑스포를 유치해 500년 가삼의 재배지이자 고려인삼의 종주지로서의 위상 강화와 국제적 인삼메카로서 웰빙시대를 뛰어 넘어 웰 에이징시대에 인삼산업의 주도적 역할을 할 생각이다.

2017년 12월 13일에는 영주시청 제1회의실에서 풍기세계인삼엑스포 유치를 위한 개최 부지를 결정하는 내용의 용역 착수 보고회를 열기도 했다. 보고회에서는 시 관계자, 외부전문가 등 20여명이 참석한 가운데 용역기관과 관련 부서 간의 업무 공유와 의견교환을 통해 향후 용역 수행 계획과 일정, 내용 등을 논의했다.

이후 주민여론조사용역 발주와 부지선정용역에 착수했다. 현재 풍기세계인삼엑스포 기본구상 및 타당성 연구용역은 입찰 진행 중이다. 시는 부지선정용역 완료 즉시 기본계획 용역을 수립해 국제행사 계획 신청절차에 맞춰 유치 준비를 해 나갈 계획이다.

고려인삼시군협의회 도시이며 세계인삼도시연맹 국내지역 대표도시인 영주시는 풍기세계인삼엑스포를 성공적으로 유치해 풍기인삼의 차별성과 우월성을 전 세계에 알려 영주를 생산자와 소비자 모두에게 이익이 되는 인삼산업의 중심도시로 거듭날 계획이다.

엑스포 유치선포식과 보고회를 계기로 풍기세계인삼엑스포 유치를 위한 발걸음이 시작됐다. 장 시장은 2018년 연초 신년사를 통해서도 '2021 풍기세계인삼 EXPO를 반드시 우리시에 개최하여 풍기인삼의 우수성을 세계에 알리겠다'고 했다.

충남 금산군은 지난 2006년, 2011년, 2017년 3번이나 '금산세계인삼엑스포'를 개최했다. 2017년 엑스포가 끝난 시점에서 "정부 예산을 364억 원이나 들여 개최한 2017금산세계인삼엑스포가 끝났으면 후속대책이 있어야 하는 데 일회성 행사로 그치면 무슨 의미가 있겠습니까?"

충남도의회 모 의원이 금산세계인삼엑스포 지원특별위원회에서 엑스포 후속대책을 집중 추궁한 일이 발생했다. 모 의원은 "금산 군민들이 금산세계인삼엑스포를 개최해달라고 한 것도 아닌데, 안 지사가 2013년 금산인삼축제 때 와서 '2017년에 엑스포를 하겠다'고 선언한 후 지난 4년간 364억 원을 들여 행사를 했는데 무슨 성과가 있었느냐"고 따졌다.

이어 "도민의 혈세를 들여 엑스포를 개최했으면 성과가 뚜렷해야 하고 향후 지속발전방안 등 구체적인 후속대책이 나와야 하는 것 아니냐"고 목소리를 높였다. 또한 "금산인삼의 우수성을 세계에 알리기 위한 지속적인 방안이 나와야 한다"며 "도의회의 입장과 금산군민들의 여론을 전달해서 대책을 세워달라"고 촉구했다.

아울러 "평소 연간 20~30억 원의 예산이면 금산인삼축제를 개최할 수 있다. 그런데 열배가 넘는 예산인 수백억 원을 들여 엑스포를 개최했지만, 후속처리가 지속돼야 하는데 미흡하다"며 "금산 및 도청에 당장 급한 인삼수출지원단 설립, 인삼 전담팀 복원 등이 뒷받침돼야 한다"고 했다.

아울러 현재 유치 진행 중인 "2021 경북영주 풍기세계인삼엑스포를 준비하는 영주시도 예산 집행을 포함한 계획에 마케팅 전문가 영입 및 해외영업전문가 영입 등으로 수출증대 대책 등 철저한 준비가 필요하다"라며 "그렇지 않으면 결과는 없고 예산낭비가 심하다"라고 했다.

풍기에서 인삼농사를 짓고 있는 한 농민은 "금산에서 3번 열고도 반은 실패(?)한 사업을 영주에 가지고 오면 과연 성공할까 하는 의문도 있다"며 "보다 내실 있는 방향으로 모색하지 않으면 영주도 예산낭비와 홍보만 하다가 끝날 수 있을 것 같다"고 했다.

현재 영주시가 추진 중인 풍기세계인삼엑스포가 과연 어떤 의미가 있는 일인지 정확히 모르겠다. 내실을 더 다지는 것이 중요한 시점인 것 같은데, 외형만 키워서 결국에서 예산낭비에 홍보에만 치중하는 행사가 아닐까 하는 생각해보게 된다.

그럼 영주풍기인삼축제는 어떻게 전개하는 것이 바람직한 일일까? 현재 '영주풍기인삼축제'를 보다 큰 사업의 축제로 확대 전환하는 방안이다. 개인적으로 '세계건강엑스포'라는 이름으로 풍기인삼을 포함하여 영주한우, 영주사과, 풍기인견, 소백산 산나물, 소백산과 내성천 주변의 한방약재, 소백산 송이버섯, 단산포도, 순흥복숭아 등을 포괄하는 축제로 만들면 바람직할 것 같다.

영주는 물론 이웃한 예천, 봉화에서도 참여가 가능하도록 할 것이며, 지역 농특산물을 전부 담을 수 있는 큰 그릇을 만들면 더 좋다. 기존 풍기인삼축제는 아무래도 지역을 대표하는 축제이기는 하지만 지역의 다른 작물을 재배하는 농민들에게는 약간의 반감이 있었던 것 또한 사실이다.

따라서 지역의 모든 농특산물을 포괄하여 건강이라는 테마로 하나로 만들 수 있는 축제로 전환하는 것이 필요하다가 본다. 영주가 역사문화는 물론 관광과 사회체육·건강 등을 모두 책임질 수 있는 선비의 도시라는 것을 보여주기 위해서는 풍기인삼축제의 큰 방향전환과 그릇을 키우는 행위는 절대적으로 필요한 시기가 되었다.

이외에도 영주에서 현재 거행되고 있는 축제 전반에 대한 항로변경과 새로운 형식과 내용을 만들어 내는 고민도 필요하다고 본다. 일단 규모의 확대는 물론 장소이동과 지역민 모두가 참여할 수 있는 틀을 만들어 내는 것이 중요하다고 본다. 아무튼 현재는 크기를 늘리고 새롭게 방향전환을 고민할 시점이다.

아울러 '풍기인삼생산자판매조합'이 있는데 사실상 거의 유명 무실된 상태다. 과거 조합원이 수백 명이었는데 지금은 많이 줄어 180명 정도다. 현재 풍기는 상인들의 위치가 땅에 떨어져있는 상태다. 위상회복이 시급하다. 상인대표들은 풍기인삼축제에서도 제대로 의견 한 번 내지 못하는 실정이다.

풀어야 할 과제가 한두 가지가 아니다. 상인들은 특히 '풍기인삼농협'을 신뢰하지 않는다. 이유는 간단하다. 생산자 조직으로 인삼농협조합원들 중심으로만 생각하고 지역의 전체적인 유통판매에 대한 배려기여는 거의 고민하지 않고 있다고 생각하기 때문이다. 물론 상인들도 상인으로서의 의무도 새롭게 정립해 나가야 할 것이다.

아무래도 양 날개는 같이 흔들어야 오래 멀리날수 있을 것이다. 생산자인 농민은 농민대로 농사에 충실하고 판매자인 상인들은 유통과 판매에 더 많이 신경을 써야하고 두 손을 마주 잡아야 도약의 날이 열린다.

앞으로 풍기인삼은 모두가 손을 잡고 수출에 매진하지 않으면 다 죽을 수 있다. 그러기 위해서는 여러 형태의 인삼가공제품개발과 제약회사와 협업 및 해외마케팅 영업에 집중해야 한다. 지금부터라도 내실을 더 다지지 않으면, 결국에서 '집안잔치'로만 끝날 것 같은 풍기인삼 '세계' 엑스포 유치는 헛구호가 될지도 모른다.

18. 시민복지와 행복을 위한 시민참여예산위원회

영주시는 2017년 11월에 전년 대비 624억 원(10.6%)이 늘어난 6,500억 원 규모의 2018년도 본예산을 확정했다. 일반회계는 5,766억 원, 특별회계는 734억 원이 편성되었다. 2018년 예산은 '지역발전 잠재력확충'과 '경제가 살아나는 도시' '역동적이고 지속가능한 힐링중심 행복영주 건설'을 통해 '시민의 삶의 질 향상'에 중점을 두고 있다.

하지만 영주시는 전형적인 정체된 고착형 중소도시다. 축소도시는 당장이라도 악순환을 탈피하기 위해 급박하게 신시가지개발 도농통합 등을 통하여 확대된 도시규모를, 인구감소 추세에 맞추어 축소하면서 도심생활거점으로 도시기능 재배치를 유도해 불필요하게 발생하는 비용을 최소화할 필요가 있다.

다시 말해 '신도시 건설보다는 내실 있게 도시를 재생하는 것이 대안'이다. 영주와 같은 정체된 고착형 중소도시가 예산집행을 어떻게 해야 할지는 자명하다. 첫 번째는 사회취약계층에 대한 집중복지이고, 두 번째는 문화 관광 사업에 대한 투자다. 세 번째는 도시재생 리모델링 사업지원이며, 마지막은 유기농 무농약 농업육성에 집중하는 것이다.

그럼 2018년도 영주시 예산을 살펴보자. 지역경제를 살리고 일자리를 창출을 위해 선비골 전통시장 고객편의시설 건립 13억 원. 전통시장 등 지역상권 활성화를 위한 용역 1억 원, 중소기업운전자금 이자 차액 보전 8억8,000만원, 중소기업소기업운영 애로사항 처리사업 5,000만원, 수출기업 해외 경제교류 확대 지원 사업 2,000만원.

한의신약 특화산업 기본구상 용역 4,000만원. 경량합금기술센터 운영 및 기업지원 10억 원, 첨단베어링 클러스터 조성 세미나 및 토론회 개최 5,000만원, 전국 항공 MRO 경진대회 1억 원 등을 민생경제 활성화에 투자한다.

영주 고유 문화유산을 활용한 관광산업 활성화를 위해 2020년 완공예정인 한국문화테마파크 조성사업에 142억 원, 무섬마을 정비사업 42억 원, 금성대군신단주변 부지매입 5억 원, 제운루 복원사업에 8억 원, 영주댐 전통문화체험단지 조성사업 21억 원

장수발효체험마을 조성사업 17억 원, 선비촌 고택 현대화 사업에 3억 원, 마당놀이 덴동어미화전놀이 개발 5억 원 등 다양한 관광자원의 개발과 건설로 체류하는 관광도시로 발전시킬 계획이다.

교육환경 개선을 통한 글로벌 인재를 양성하기 위해 인재육성장학재단 기금출연 6억 원, 동지역초등학교 급식비 지원 15억 원, 친환경농산물 학교 급식지원 10억 원, 영어학습체험센터 운영 9억8,000만원, 제6회 경상북도 평생학습박람회 개최 3억6,000만원.

학교 교육환경개선에 15억 원을 투자하는 등 매년 시세의 3%를 학교환경 개선에 지속적으로 투자해 수준 높은 교육을 통한 인재양성에 행정력을 집중하고 있다. 농축산업의 경쟁력을 강화해 자생력 있는 농촌을 건설하고자 농작물 재해보험료 40억 원, 쌀 소득 등 보전직접지불제 46억 원.

과수 고품질 시설현대화에 10억 원, 해외 농산물 영주홍보관 홍보사업 1억2,000만원, 영주 복숭아 비파괴 당도 선별기 설치 3억 원, 농식품 수출 장려금 지원 1억5,000만원, 2021영주풍기 세계인삼엑스포 실시계획 용역 2억 원, 영주농산물 홍보마케팅 14억 원을 투자해 부자 농촌으로 만들어 나갈 계획이다.

따뜻한 웰빙복지를 실현시켜 나가기 위해 생계급여 178억 원, 장애인 복지관 운영 10억 원, 영유아 보육료 지원 68억 원, 가정양육수당지원 24억 원, 아동수당 급여지원 24억 원, 기초연금지원 509억 원, 출산장려금 13억 원, 분만 산부인과 운영 5억 원을 투자한다.

깨끗한 환경조성과 여가생활 활성화를 위해 공동주택 음식물쓰레기 수거 기반구축 3억 원, 가축분뇨 공공처리 시설 설치사업 39억 원, 실내수영장 운영에 26억 원, 영주스포츠컴플렉스 조성사업 26억 원을 투자해 시민의 건강한 삶의 기반을 조성할 계획이다.

삶의 질을 높이는 정주기반을 확충하기 위해 농촌농업생활 용수 개발사업 12억 원, 곱작골지구 농촌중심지 활성화 사업 16억 8,000만원, 구성노인 안전 둘레마을 조성사업 19억7,000만원,

장수면 농촌중심지 활성화 사업 10억9,000만원, 청년시장 학사골목 5억8,000만원, 하천재해예방사업 100억 원, 장기미집행 도시계획시설 부지보상 50억 원 등이 있다.

이외에도 단산 구구교~단산면 도로 확포장 19억 원, 이산 석포~지동도로 확포장 12억 원, 안정 여륵~파지도로 확포장 14억 원, 진우교 개체 등 도로망 확충사업이 조기 착공해 관광지 접근성을 향상시키고 도심 교통량을 분산시켜 쾌적하고 살기 좋은 도시환경 조성에 최선을 다해 나가기로 했다.

그럼 이제부터 영주가 시급하게 해야 할 일은 점점 규모가 커져서 유지관리비가 많이 드는 도시를, 인구감소에 맞추어 '다운사이징(downsizing, 사물의 소형화, 규모축소)'하는 것이다. 그리고 집중적인 복지예산배치와 적극적인 활용이다.

초고령화사회에 진입하고 있는 소도시들은 복지예산을 대폭 늘리고, 담당인력증원을 통하여 복지도시를 만들지 않으면 노인들마저 등지고 떠나는 도시가 된다. 그러기에 복지예산 선 배치와 적극적인 투자는 반드시 필요한 정책이다.

내년도 예산 중 분야별 비중을 살펴보면 복지 분야가 26.4%

(1천524억 원)로 가장 많은 비중을 차지했고, 이어 농업분야 15.1%(874억 원), 문화관광분야 9.9%(573억 원) 순이다. 따라서 영주는 나름 긍정적으로 예산을 책정하고 있는 것으로 보인다.

앞으로 과제는 예산편성과 집행에 있어 영주시와 영주시의회는 물론 '시민(주민)참여예산제도'와 같은 열린 제도를 보다 적극적으로 활용하여 지역주민과 시민단체 등이 모두 함께하는 '시민(주민)참여예산위원회'를 구성하고 긍정적인 선순환구조로 만들어 갈 수 있는 길을 더 크게 민주적으로 열어가는 것이다.

공무원은 단순히 예산을 집행하는 자리가 아니라 공정하게 잘 집행하는 자리라는 것을 알게 하는 것이 중요하다. 단순히 예산은 편성하는 것이 아니라, 바르게 집행하고 그 집행 과정과 결과를 수시로 감시하는 것이 더 의미 있는 일이다. 따라서 현재의 시민(주민)참여예산위원회 역량 강화는 절대적으로 필요한 것이며, 당장이라도 높은 성과를 낼 수 있는 일이라고 생각된다.

19. 새로운 사업계획보다는 차분히 정리하는 것도 정치

2018년도 영주시 시정운영 기조(基調)가 발표되었다. 서두는 "원칙이 지켜지는 영주, 시민이 행복한 영주를 만들자"라는 내용으로 시작한다.

이어 올 한 해 시정운영 방향은 첫째, 첨단베어링산업을 대한민국 핵심 산업으로 육성하고 베어링 알루미늄 국가산업단지를 유치하겠다. 국가 훈련용 비행장 개설 및 항공정비훈련원 유치, 지역대학에 관련학과 개설 및 항공관련 대학교를 유치하는 등 항공인력 양성을 위해 힘쓰겠다.

정말 조금도 눈에 들어오는 내용이 없다. 마지막에 있는 "국가 훈련용 비행장 개설 및 항공정비훈련원 유치, 지역대학에 관련학과 개설 및 항공관련 대학교를 유치하는 등 항공인력 양성을 위해 힘쓰겠다"는 후보지가 결정되면 나름 숙고를 해서 지역에서 할 일이 있을 것으로 보인다.

요즘 현실적으로 인기를 얻고 있는 드론(무선전파로 조정할 수 있는 무인 비행기) 관련 교육원을 만들거나 유치하는 일이라면 더 의미가 있을 것 같다는 생각을 하게 된다.

둘째, 농업 경쟁력 강화, 농가소득 증대를 위하여 6차산업화 단지를 조성하겠다. 수도권에 소비지유통센터를 건립하여 농특산물 가격 경쟁력을 제고하겠다. 2021 풍기세계인삼 EXPO 개최 및 지구온난화 등 기후환경 변화에 대비하는 대체작목을 육성해 농업경쟁력을 키워나가겠다.

대규모 종자생산 및 증식 방안을 연구하겠다. 말레이시아, 베트남 농특산물 전시 판매장에 이어 해외시장 개척에 매진해 지역 농특산물 판로를 확보하고 외국인 계절근로자를 도입하여 농촌지역의 심각한 인력난을 해소하겠다.

이중에는 감동적인 것이 몇 가지 있다. 우선 "6차 산업화 단지" 조성이다. 앞으로는 농업은 6차 산업일 수밖에 없는 상황에서 단지조성은 상당히 의미가 있는 사업이다. 다음은 "수도권에 소비지유통센터를 건립"이며, "기후환경 변화에 대비하는 대체작목 육성"은 놀랍다. 반면 "대규모 종자생산 및 증식 방안 연구"는 지자체의 몫이라기보다는 국가사업이 아닌가 하는 생각도 든다.

재미난 것은 최근 발표된 2018년도 영주시 예산안에는 위의 내용이 전혀 없다. 예산도 없이(?) 사업을 하겠다는 것이 조금은 의아(疑訝)할 뿐이다. "해외시장 개척에 매진"하는 것과 "외국인 계절근로자 도입"도 적극적으로 환영하는 바이다.

셋째, 자연과 문화를 결합한 힐링관광도시 실현을 위하여 부석사, 소수서원을 세계문화유산에 등재시키겠다. 힐링과 인성을 결합한 글로벌 힐링관광 도시로 거듭나겠다. 2018 평창 동계올림픽 기간 중 임원 및 선수단이 우리지역을 관광할 수 있도록 마케팅에 힘쓰겠다. 세계 산림엑스포를 유치하겠다.

2020년 완공예정인 한국문화테마파크 개원 준비 및 운영관리 계획을 충실히 준비하겠다. 소백산 복합휴게타운을 조성, 영주댐 주변 관광호텔 리조트 조기 건설 및 판타시온리조트 정상화에도 힘쓰겠다.

문화 및 관광에 관한 내용은 나름 만족할 만한 생각이다. 단, 중앙선 새마을호 운행도 안 되는 상황에서 "2018 평창 동계올림픽 기간 중 임원 및 선수단이 우리지역을 관광할 수 있도록 마케팅에 힘쓰겠다"라는 것에 생각하고 있는 구체적인 방안이 정말 무엇인지 궁금할 뿐이다.

"소백산 복합휴게타운 조성, 영주댐 주변 관광호텔 리조트 조기 건설 및 판타시온리조트 정상화에도 힘쓰겠다" 솔직히 이 구절에서는 말문이 막힐 뿐이다. 4년 전 선거 이슈도 "판타시온리조트 정상화"였는데, 아직 무엇 하나 해결 된 것이 없다.

그런데 다시 정상화를 말하면서 추가적으로 "소백산 복합휴게타운 조성" 및 "영주댐 주변 관광호텔 리조트 조기 건설"은 현실적인 대안이 있는지 정말 물어보고 싶을 뿐이다.

넷째, 독거노인 공동거주의 집 확대, 영주적십자병원을 상반기 중에 개원하여 지역민들이 가까운 곳에서 양질의 의료서비스를 받을 수 있도록 하겠다. 시립화장장의 고질적 문제점 해결을 위하여 현대적 종합장사시설을 건립하겠다.

복지문제는 아주 만족할 만한 수준이라고 생각한다. 단, 영주적십자병원 개원에 따르는 적자보전대책과 금액한도 및 기간한도에 대해 반드시 개원 전에 나왔으면 하는 바람이다. 그것도 아니면 보건복지부, 대한적십자사, 영주시의 합의안에 대하여 조속히 명확한 전문 공개가 필요할 것이다.

다섯째, 유니세프가 인정한 아동친화도시 영주에서 선비정신을 겸비한 미래인재가 자라나도록 하겠다. 선비정신을 바탕으로 국립인성교육진흥원을 설립하여 인성교육의 중심지, 한국선비문화도시를 조성하겠다. 초등학교 전 학년 무상급식을 시행, 자유학기제 기간 중 청소년 진로체험 프로그램을 적극 발굴 지원하겠다. 영주시 실내수영장과 대한복싱전용훈련장을 3월중에 개장하겠다.

"국립인성교육진흥원 설립" 적극 환영한다. 단, 어디에서도 예산안 계획을 본적이 없는 사업이라 갸우뚱하게 된다.

여섯째, 시민이 가장 편안한 대한민국 안전 일번지 영주를 만들겠다. CCTV 관제센터에 스마트 관제시스템을 도입해 범죄 등 각종 상황발생에 대비한 신속한 대응체계를 구축하겠다. 영주역사 신축과 영동선 우회철도가 국가철도망계획에 반영될 수 있도록 지속적으로 정부에 건의하겠다.

마지막 "영주역사 신축과 영동선 우회철도가 국가철도망계획에 반영될 수 있도록 지속적으로 정부에 건의하겠다."는 내용은 적극적으로 지지하는 바이다.

일곱째, 시민에게 먼저 찾아가는 현장행정을 펼치겠다. 시민불편해소 및 현장행정은 너무 감사하고 고마울 따름이다.
결말에 등장하는 영주는 "첨단산업도시, 혁신의 농업도시, 힐링

관광도시로 변모할 수 있는 천재일우의 기회"가 되었다는 말에 일부 동의하는 바이다.

우선 "첨단산업도시, 혁신의 농업도시, 힐링관광도시"는 순서가 바뀌는 것이 맞다고 보는 입장이다. 현실성으로 보자면, "혁신의 농업도시, 힐링관광도시, 첨단산업도시"로 바뀌는 것이 맞다. 사실 "혁신의 농업도시, 힐링관광도시"와 "첨단산업도시"는 상충되는 관계로 상호 공존이 불가능한 개념이다.

개인적인 판단으로는 "유기농과 무농약이 주축이 되는 혁신농업도시" "자연 역사 문화가 살아 숨 쉬는 힐링관광도시" 정도면 충분하다고 본다. 지속적으로 인구가 줄고 있는 '정체된 고착형 중소도시' 영주에 "첨단산업도시"라는 말은 공허한 메아리로만 들려올 뿐이다.

사실 인생사 세상사에는 장황하게 일을 벌이는 것보다는 차분하게 정리하고 결론을 만들어 내는 것이 더 아름다울 때가 많다. 선거가 있는 2018년 상반기에는 새로운 사업을 계획하기 보다는 잘 마무리하는 것이 중요한 시점인 것 같다.

20. 일보다는 언론홍보와 기념촬영에 바쁜 정치인들

요즘은 상황이 많이 바뀌기는 했지만, 한때 정부기관에서 보도 자료를 많이 내는 곳 중에 하나가 산림청이었다. 다음이 농촌진흥청이었다. 점점 임업 농업수요가 줄고 있는 가운데, 일이 별로 없는(?)청이라 보도 자료를 통하여 언론홍보에 주력함으로써 존재감 과시와 새 사업을 선점했던 것이다.

오래된 고목이 발견되거나 죽거나 하면 늘 보도 자료를 냈고, 아무도 관심 없어 그냥 웃고 지나갈 일도 기사가 되게 만들었다. 농촌이 경쟁력을 잃고 있는 가운데, 원예 영역인 도시농업까지도 농업이라고 우기며(?) 농촌진흥을 위해 힘쓴 관청이다.

인사말하기와 행사장 순례를 좋아하는 정치인은 어쩌면 늘 거짓말을 잘하고, 돌아서면 다른 말을 하는 사람들이다. 그래서 보통 사람들은 영업인과 정치인의 말은 10~5%만 믿으면 된다고 생각하는 경우가 많다. 그도 그럴 것이 돌아서서 생각을 해보면, 아니 다음 날만 되면 진실이 들어날 일임에도 불구하고 엉뚱한 소리를 하는 경우가 다반사다.

영주에서는 중앙선 새마을호 운행과 관련하여 2017년 12월 7일 국회 최교일 의원실에서 자치단체 항의방문단을 만난 맹성규 국토교통부 제2차관이 "평창 동계올림픽이 끝나면 새마을호 열차를 다시 운행하겠습니다"라고 약속했다는 기사가 나왔다.

그런데 국토교통부는 2017년 12월 8일 해명자료를 통해 "서울-강릉간 KTX 운행에 따라 발표된 '청량리-영주 구간 새마을호 열차 운행중단'은 동계올림픽이 종료될 때까지 당초 계획대로 유지되며, 이 계획이 철회되는 것은 아닙니다"라며 "평창동계올림픽이 끝난 이후, 관련 지역의 의견을 충분히 수렴하여 새마을호를 다시 투입하는 방안을 한국철도공사와 적극 검토할 계획입니다"라고 했다.

12월 8일 국토교통부의 공식적인 해명자료가 나온 것을 보면, 전날인 7일 신문기사를 통해 알려진 맹성규 국토교통부 제2차관이 "평창 동계올림픽이 끝나면 새마을호 열차를 다시 운행하겠습니다"라는 약속은 실수나 오해, 거짓(?)이라는 말이다.

그런데 곰곰이 생각해 보면, 맹성규 국토교통부 제2차관의 약속은 사실 맹 차관이 스스로 보도 자료를 낸 것이 아니다. 이 보도자료는 영주시 혹은 최교일 의원실에서 낸 것이다. 그렇다면 누가 거짓말을 하고 있는지 대충 짐작이 가는 대목이다.

보통 싸움이 일어나면 싸움 당사자 간에 싸우거나 추후 협상을 해야 한다. 그런데 일부 정치인들은 영주역 광장에서 1인 시위를 했다. 음식이 맛없다고 주방장도 주인도 아닌, 배달원에게 대노하고 야단치는 꼴이다.

그런데도 사태의 본질을 잘 모르는 시민들은 1인 시위를 너무 잘하고 있다고 격려했다. 영주역 광장에서의 1인 시위도 나름 의미는 있지만, 사실 철도 문제는 청와대 앞이나 철도청 혹은 국토교통부 앞에서 1인 시위를 하는 것이 더 의미 있다.

역시 맹 차관과의 약속도 엄밀한 의미에서 보자면, 국토교통부 장관실을 항의 방문하여 그곳에서 논의하고, 결정된 사항을 서류로 된 합의서로 만들어 보도 자료에 첨부하는 것이 맞다.

그런데도 이런 기본적인 원칙도 없이 국회 의원실까지 내방한 차관과 기념촬영만 하고는 문제없이 요구대로 합의했다고 발표했고, 다음 날 바로 국토교통부의 공식적인 해명자료가 나왔다. 안 봐도 머리를 조금만 굴리면 답이 나오는 대목이다.

오래 전 민주당 대선후보 경선과정에서 당시 이인제 후보가 노무현 후보의 사상 문제를 제기하며 색깔론을 제기했다. TV토론 뿐만 아니라 연설 과정에도 장인 좌익 활동전력 등을 공개적으로 비판하거나 과격한 인물로 몰아갔다.

여기서 노무현은 "이런 아내를 제가 버려야 합니까? 그렇게 하면 대통령 자격 있고, 이 아내를 그대로 사랑하면 대통령 자격이 없다는 겁니까? 여러분! 이 자리에서 여러분이 심판해 주십시오"라고 했다.

질문의 본질을 흐리도록 돌려 대답함으로서 관심을 전환하는 성동격서(聲東擊西)전술이었다. 최근 최교일 의원의 영주적십자병원 추진 경과에 대한 입장과 예산 확보를 보면 그런 느낌이 든다. 지역에선 그동안 많은 어려움을 겪어오던 영주적십자병원 개원 문제를 해결한 최 의원을 두고 그의 뚝심과 강한 추진력이 이번 문제 해결에 원동력이 됐다고 평가하고 있다.

지난 2017년 12월 27일 최교일 의원실에 따르면 영주적십자병원의 운영주체인 대한적십자사는 2016년 8월부터 병원 설립주체 문제, 병원 명칭 문제로 영주시와 지루한 줄다리기 협상을 이어왔다.

병원적자 부담을 영주시에 떠넘기기 위해 병원 설립주체에 영주시를 추가할 것을 요구했고, 병원 명칭도 '적십자병원'이라는 명칭을 사용하지 않을 것을 강력히 요구해왔다. 이에 최 의원과 영주시는 보건복지와 협의를 거쳐 2017년 5월쯤 병원 설립주체에 영주시를 표기하지 않도록 했고, 병원 명칭도 '영주적십자병원'을 지켜냈다.

최 의원은 국회의원 임기 시작 직후인 2016년 6월부터 영주적십자병원 관련 개설준비단 운영비, 시험가동기간 운영비를 정부예산안에 포함시키기 위해 노력해왔다. 영주적십자병원은 당초 국립병원으로 지어진 것이 아니기 때문에 건물 임대료 외 어떠한 국비지원도 할 수 없다는 것이 기획재정부의 입장이었다.

최 의원은 얼마 전 국회 본회의를 통과한 2018년 정부예산에도 시범운영비 5억6,000만원을 포함한 적십자병원 지원비 36억8,000만원을 확보했다. 최 의원과 영주시는 보건복지부와 긴밀히 협의해 병원 설립주체 표기를 별도로 하지 않도록 했고, 적십자사의 병원 운영기간도 5년으로 연장하도록 확정했다.

또한 운영주체의 운영기간이 끝나고 새로운 운영주체를 물색할 책임을 보건복지부가 지도록 하여 안정적인 병원운영이 유지되도록 했으며, 응급의학과와 소아청소년과를 포함한 종합병원으로 개원하도록 명문화했다.

영주적십자병원의 개원준비를 위한 모든 과정에서 최교일 의원과 영주시는 수십여 차례 보건복지부와 대한적십자사에 지역여론을 전달하며 관철을 요구했고, 마침내 2017년 12월 15일 소기의 성과를 달성한 최종 합의문을 도출해냈다고 했다.

한편, 국회는 지난 12월 6일 새벽 12시33분 본회의를 열고 재석의원 178명 중 찬성 160명, 반대 15명, 기권 3명으로 2018년도 예산안을 의결했다. 한국당 지도부는 당초 여야3당 원내대표 간 협상에서 수정 예산안 내용에 잠정 합의했지만, 거센 내부 반발에 부딪혀 반대로 돌아섰다.

한국당 의원들의 표결 불참에도 불구하고 더불어민주당, 국민의당 의원들이 주축이 돼 표결이 진행됐고, 진통 끝에 428조 8,000억 원 규모의 2018년도 예산안이 통과됐다. 당일 최교일 자유한국당 의원도 질의에는 참가했지만, 표결에는 불참했다.

예산안 표결에도 참가하지 않았음에도 불구하고, 뚝심과 강한 추진력(?) 적극성으로 예산을 따와서 시범운영비 5억6,000만원을 포함한 영주적십자병원 지원비 36억8,000만원을 확보했다고 발표했다. 대단하지만 조금은 의아(?)한 부분이다.

그런데 정작 영주적십자병원에서 영주시민들이 가장 관심이 있는 중요한 것은 시범운영비와 지원비보다는 추후에 영주시가 부담하게 될 적자보전금 한도와 기한인데, 그것에 대해서는 아무 말이 없다.

또한 시민들이 궁금해 하고 정확한 신뢰의 근거가 되는 영주시, 보건복지부, 대한적십자사의 12월 15일 최종 합의문은 왜 아직도 공개되지 않고 있는 것일까? 영주시 관계자는 "합의문 세부안이 아직 나오지 않아서 발표를 미루고 있다"고 말하고 있다.

최교일 의원은 "지난 12월 15일 소기의 성과를 달성한 최종 합의문이 나왔다"고 말하고 있다. 잘한 것은 전부 내가 했고, 책임져야 할 일은 나는 모르겠다는 것으로 보인다. 누구를 믿고 무엇을 신뢰해야 할지 나도 도통 모르겠다.

21. 지역 이름 이외에
   농특산물 브랜드를 만드는 것 자체가 예산낭비

늘 의구심을 가지게 되는 것이 지자체마다 넘쳐나는 수십 개의 농특산물 브랜드다. 사과는 작목반 별로 혹은 면단위 별로 이름이 다르고, 쌀은 농협별로, 정미소 별로 이름이 다르다. 영주풍기인삼은 가공자 별로 브랜드가 다르다. 영주풍기인견도 사업자별로 브랜드가 다른 것이 사실이다.

이런 불필요한 낭비를 줄이기 위해 지자체나 농민단체 등이 중심에 되어 새로운 통합브랜드를 만든다. 그 결과 또 다시 브랜드 난립이 초래된다. 따라서 지역 단위 브랜드는 모든 이름 앞에 지방 명을 넣고, 뒤에 그냥 농특산물 명칭을 넣은 것이 최상의 브랜드 네임 (name, 이름)인 것 같다.

사과면 영주사과, 한우면 영주한우, 포도면 영주포도, 복숭아면 영주복숭아, 인삼도 영주풍기인삼, 인견도 영주풍기인견이라고 하면 된다. 김주영 전 시장 시절 영주시는 조선선비의 기백과 지조를 농특산물 브랜드에 도입하여 '선비숨결'로 정했다. 이에 지역 사과, 인삼, 한우, 쌀, 계란, 콩 등 8대 품목 중 상위 10% 농특산물에 시가 보증하는 '선비숨결'마크를 부여했다.

하지만 김주영 시장 재임 시에 만들어 7년 동안 써왔던 '선비숨결' 브랜드는 이제 그 이름과 명성을 잃고 거의 사라졌다. 현 장욱현 시장 취임 직후 농특산물 브랜드 통합이라는 명목으로 어느 날 갑자기 '소백어람'을 들고 나왔기 때문이다.

사실 브랜드 통합보다는 전임 시장 흔적 지우기에 가까운 행동으로 보였다. 당시 지역 언론은 "영주시"가 즉흥적이고 소수의 견만을 반영한 사업으로 시민혈세를 낭비하고 있어 근본적인 대책이 요구된다. 수억 원 제작비와 홍보비를 투입하여 '선비숨결'이란 상호로 8개 농특산물을 단일화하여 어느 정도 지명도와 자리 메김을 하여 인지도가 알려져 있다.

그런데 새 시장이 취임하면서 새로운 브랜드 명이 들어간 박스를 3억 원 예산을 집행하여 이미 만들어 농가에 배포했다. 네이밍(naming, 명명, 이름을 붙이다) 제작비에도 4,500만원을 써서 '소백어람'이란 이름을 만들었다. 이로 인하여 보여주기식 행정, 뒷걸음 행정이란 비난이 일고 있다.

농업인 단체 간부는 "단체장이 바뀔 때 마다 오랜 기간 사용하던 공동브랜드를 변경하여 도무지 일체감이 떨어진다"며 "단체장의 치적자랑과 보여주기 행정은 탈피해야 된다"면서 "품목별

생산자와 공청회라도 개최하여 농민의견이 좀 더 반영되었으면 하는 아쉬움이 있다"라고 밝혔다.

한편 영주시농업기술센터 현관입구에는 공동브랜드 상용화 선포식도 없이 특정광고사와 1,000만원 수의계약으로 '소백어람'이란 입 갑판을 교체해 놓아 보여주기 행정의 극치를 나타내고 있어 민원인들과 이곳을 방문하는 농민들에게 의구심이 들게 하고 있다.

또한 영주시와 시의회가 소백어람 브랜드를 놓고 다툼을 벌였다. 시의회는 행정사무감사를 통해 "영주시는 농특산물 브랜드 변경을 즉각 중단하라"며 본회의를 열고 브랜드 변경과 관련 조사특위도 구성하기로 했다. 김현익 의원은 "시가 전통성을 부정하고 새로운 브랜드를 도입하면 농민들만 피해를 입게 된다"고 지적했다.

이재형 의원도 시의회에서 장 시장에게 "시민공모와 전문가 심의 등을 통해 선정해 7년 이상 사용한 선비숨결을 다시 소백어람으로 바꾸는 것은 재정 낭비다. 시장이 바뀔 때마다 브랜드를 바꾸는 것은 지역 전통성을 무너뜨리는 것"이라고 따졌다.

이에 대해 장 시장은 "아이러브영주사과, 소백흙향기 등 작목반별, 농가별 브랜드를 통합 브랜드로 단일화하기 위해 명칭변경을 추진했다"고 했다. 한편 영주시 관계자는 "영주시 대표 브랜드는 '영주'다. 따라서 지자체에서 지역 이름 이외에 브랜드를 만드는 것 자체가 행정력 및 예산 낭비다"라고 지적했다.

아무튼 장 시장이 힘차게 준비했던 '소백어람'은 독선과 예산 낭비의 극치를 보여주고는 어느 날 이름도 없이 사라진 상황이다. 문제는 이 일로 인하여 7년 동안 사용되어온 '선비숨결' 브랜드도 농특산물시장에서 거의 자취를 감추게 되었다는 것이다. 결과적으로는 7년의 성과가 물거품이 되었다.

영주시사과발전연구회 관계자는 "2~3년 전부터는 농특산물에 브랜드를 만들고 선전 홍보하는 일보다는 그냥 지역 명을 쓰는 것이 타당하는 생각이 일반화되어 사과는 영주사과, 포도는 영주단산포도, 영주순흥복숭아 등으로 지역 명으로 통합되고 있는 상황이다."고 했다.

아울러 영주풍기인삼의 경우에는 2016년 10월부터 홍삼가공품 품질인증제를 도입하여 풍기인삼 '인증마크'를 부여하고 있다. 관내 20개 업소 35개 홍삼가공품이 홍삼가공품 품질인증제 인증마크를 획득했다.

홍삼가공품 품질인증제는 가공업체에 따라 제품 성분과 품질이 다른데다 가격도 많은 차이를 보임에 따라 우수성을 인정받지 못하는 문제점을 해결하기 위해 본격시행하고 있다. 품질인증제는 쾌적한 주변 환경과 깨끗한 시설에서 생산된 제품을 정부가 공인한 기관에서 성분검사에 합격하면 영주시장이 인증하는 제도다.

인증을 받은 제품에는 포장재 및 용기에 '풍기인삼 품질인증제품' 마크가 찍힌 스티커가 부착된다. 영주시는 인증업체와 비인증업체 간 차별화 정책과 홍보 및 교육을 강화해 점차 인증업체 비율을 늘려 소비자 신뢰구축에 힘쓰고 있다. 이제 영주풍기인삼도 브랜드 통합만 충실하게 하면 될 것 같다.

또한 영주시는 주력산업인 농업을 혁신하는 방안으로 지난 2015년부터 사과 인삼 한우 등 품목별로 혁신추진단을 만들어 농업정책의 변화를 이끌도록 했다. 사실 지자체는 이런 과정을 통하여 관리와 지도개선 및 지속적인 지역명 브랜드 통합과 홍보 판매에 전념하면 된다.

아무튼 아직도 여러 지자체와 농민, 생산단체와 기관들은 농특

산물의 브랜드 통합으로 살길을 찾는 데 힘을 쏟고 있다. 하지만 영주시 공무원의 지적처럼 최상의 브랜드는 지역명이다. 따라서 지자체에서 지역 이름 이외에 브랜드를 만드는 것 자체가 행정력 및 예산 낭비다.

영주시도 앞으로는 모든 농특산물에 영주라는 이름만을 넣으면

지방이 살아야 대한민국이 산다

된다. 영주사과, 영주한우, 영주도라지, 영주계란, 영주풍기인삼, 영주쌀, 영주부석콩, 영주복숭아, 영주포도, 영주풍기인견 정도면 충분하다. 이렇게 브랜드명을 하나로 통합한 다음 홍보 판매에 주력하면 된다.

22. 아동 및 어르신에 편해야 살기 좋은 농촌 중소도시

미래세대인 아동, 어린이, 청소년에 대한 다양한 복지대책과 의무급식 및 장학금지원 등은 상당히 중요한 정책이다. 또한 1960~80년대 한국경제성장의 주역인 65세 이상 어르신에 대한 복지정책이 잘되어야 특히 지방 중소도시는 나름 안정적이고 살기 좋은 농촌이 될 수 있다.

먼저 시골에 사시는 어르신들은 생각보다 고민도 많고, 어려운 일들이 상존하는 편이다. 노부부가 함께 사는 경우에는 그래도 식사라도 둘이서 해결할 수 있는 관계로 큰 걱정은 없지만, 혼자 사는 경우에는 식사를 포함하여 청소며 빨래까지 힘든 것들이 너무 많다.

그래서 노후에 시골에서 살겠다는 결심을 스스로 포기하는 어르신들이 요즘은 점점 늘어나고 있는 상황인가 보다. 차라리 도시에서 가난하게 사는 것이 더 나을 수도 있다는 판단이 들기 때문이다. 복지 혜택이 도시에 더 많이 집중되어 있기 때문이다.

예천군 용문면에서 2017년 7월 민관협력으로 설치 운영 중인 '이불빨래방'은 시골 노인들로부터 큰 호응을 받고 있다. 이에 타 지자체와 기업, 청년 및 노인들도 이불빨래방이나 '이동빨래방' 운영을 희망하고 있는 상황이다.

용문면 이불빨래방은 지역출신 기업인 박장식씨 후원으로 만들어졌다. 박씨는 2017년 빨래방 운영에 필요한 대형세탁기, 건조기 구입비용 2천만 원을 지원했고, 2018년에는 매월 80만원씩 5개월 동안 추가 지원하기로 했다. 행정이 공간을 제공하고, 박장식씨는 비용과 장비를 기탁했고, 용문면 주민자치위원회에서는 운영을 맡았다.

빨래방을 운영하고 있는 용문면 주민자치위원회에서는 26개 마을별로 이불 빨래의 날을 지정해 어르신들이 경로당에 빨래를 갖다 두면, 이장 등이 빨래방까지 배달해 세탁 건조한 후 경로당으로 배달해 주고 있다.

농어촌에서 홀로 살고 있는 고령 노인들에게는 이불세탁은 골칫거리 중 하나다. 냄새나고 땀에 젖어 눅눅해도 이불빨래는 쉽게 엄두를 못 낸다. 물을 머금은 이불이 무거워 들어 널 수도 없을 뿐더러 자식들이 와도 세탁 건조에 며칠이 걸리는 관계로 쉽게 꿈도 못 꾼다.

하지만 이불빨래 서비스를 이용하면 향긋하고 뽀송뽀송한 이불이 2~3일이면 배달까지 완료된다. 마을 별로 매월 1회씩 찾아와 이불을 수거 세탁하고 있다. 이와 비슷한 형태로 전북에서는 '사회적 기업'을 만들어 이동식 빨래방을 운영하고 있다. 한 달에 서너 번 빨랫감을 수거하고 세탁하여 배달해주는 서비스를 하는 기업이 생겨난 것이다.

이 사업은 적은 예산으로 많은 어르신에게 혜택을 주는 일이며 반응도 좋다. 사실 영주에서도 사회적 기업을 만들어, 이불은 월 1회 순회, 빨래는 월 3~4회 정도 지역을 순회하면서 빨랫감을 회수하여 세탁 이후 배달하면 멋진 정책 대안이 될 수 있다.

순회하면서 개별가정까지 방문한다면 수시로 어르신들 안부도 묻고, 건강도 확인할 수 있는 장점도 발생한다. 아무튼 예천군의 회는 지난 3월 15일 예천군 이불빨래방 설치 및 운영에 관한 조례안 등을 의결했다.

여기에 면 단위에 거주하는 65세 이상 어르신들을 위해 오일장이 서는 날 사용이 가능한 '식사쿠폰'을 제공하는 것도 지역경제 활성화는 물론 어르신들 정신 및 육체 건강에 도움을 주는 정책으로 의미가 있어 보인다.

그냥 무료하게 오일장에 왔다가 볼일만 보고 돌아가시는 어르신들이 많다. 일정 금액까지 사용이 가능한 식사쿠폰을 오일장 기준으로 개인별로 월6장 지급하여 지역 내 어느 식당에서든 사용하게 하여 외출 시 식사도 거르지 않게 하고, 운동을 겸한 출타를 돕는 정책이 필요한 시점이다.

여기에 현재 영주, 예천, 봉화 등에서 오지마을에 살고 있는 어르신들을 위해 택시로 교통편의를 제공하고 있다. '행복택시'는 마을 주민과 택시 운행자가 운행계약을 통해 사전예약으로 월 18회까지 운행을 지원하고 있는 프로그램이다.

이런 버스비나 택시비 지원정책처럼 식사쿠폰을 지속적으로 제공하는 것이 '목욕쿠폰'처럼 이젠 시대흐름인 것이다. 또한 '언 발에 오줌 누기' 일 수도 있지만 올해 봉화군에서는 정말 획기적으로 '출산지원금' 제도를 확대했다. 첫째는 600만원, 둘째는 900만원, 셋째 1500만원, 넷째 이상은 1800만원으로 상향했다.

봉화군이 건강하고 행복하게 아기 낳기 환경을 조성해 인구증가 정책을 펼친 것이다. 2018년부터 19억 5000만원 기금을 조성해 출산육아지원금을 대폭 상향했다. 출산축하금도 50만원에서 100만원으로 인상했다. 출산지원금은 출산가정에서는 읍 면에 출생 신고 시 행복출산원스톱서비스로 신청하면 된다.

봉화군은 지난 2007년부터 연간 13억 원씩 10년째 출산육아지원금을 지원했고, 둘째부터는 태아 및 출생아 건강보장 보험을 월 5만원이내로 5년 간 지원하고 있다. 하지만 전국 최초로 출산장려금 제도를 도입한 영주시 출산장려금 정책은 매년 예산이 줄어드는 느낌이다. 2018년 영주시 웰빙 복지에서 영유아 보육료 지원 68억 원, 가정양육수당지원 24억 원, 아동수당 급여지원 24억 원, 출산장려금 13억 원, 분만 산부인과 운영 5억 원이 책정되어 있는 상황이다.

이런 정도면 신혼부부는 직장은 영주로 다니고, 봉화에 살고 싶을 것 같다. 또한 봉화군 드림스타트는 취약계층 아동에게 월 2회 '반찬 배달'을 연중 실시하고 있다. 반찬배달 서비스는 지난 2015년부터 결식우려가 있거나 영양 불균형이 심한 아동을 대상으로 성장기 아동에 맞는 영양식단 밑반찬을 직접 조리하여 아동 가정으로 배달하는 사업이다.

지역사회와 협력하여 취약계층 아동을 대상으로 반찬 배달뿐만 아니라 정기적인 방문 및 상담, 지속적인 모니터링 등 아동에 맞는 다양한 영역별 맞춤형 복지서비스를 제공하여 아이들이 건강하고 행복해 질 수 있도록 최선을 다하는 모습이 정부 역할이라는 것을 보여주는 사례다. 사실 이런 반찬 배달 서비스는 노인정 경로당마을회관을 중심으로 어르신들에게 도 적용하면 좋은 사업이다.

봉화군과 예천군 아동 및 어린이, 청소년 복지정책과 장학금지원 정책, 예천군 어르신들을 위한 이불빨래방 같은 시책은 영주에서도 적극적으로 도입 확대할 필요가 있는 사안이라고 생각한다.

특히 어르신 복지는 시대적으로 보아 이제는 당위적인 문제로 귀결되고 있다. 성장시대에 노고가 많았던 어르신들에 대한 정부 배려는 필수적인 시대과제가 되었다. 초고령화시대를 맞이하고 있는 21세기 한국에서 농촌 중소도시부터 어르신 복지에 앞장서지 않으면 희망은 점점 줄어드는 사회가 되는 것이다.

21세기 복지 코드는 갓난아이부터 청소년, 어르신과 여성 및 장애인이 행복한 세상이 되어야만 모두가 행복한 대한민국이 되는 것이다. 이제 영주도 그들을 위해 발로 뛰는 현장 행정, 더 낮은 곳 아픈 곳으로 시선을 돌리는 행정으로 거듭나야하는 중요한 시점이 되었다.

23. 봉화군은 베트남타운을 만들고, 농민들에게 월급도 준다는데?

최근에 발표되고 있는 지역의 다양한 사업 가운데 놀라운 것들 자주 발견하게 된다. 물론 잘 준비되고 시행되는 것이 중요하다. 다만 선거철이 다가와 막 던지는 것이 아닌가 하는 생각도 조금은 든다. 그래도 나름 의미가 있는 사업들이 몇 가지 있어서 살펴본다.

주로 지역농산물 판매촉진을 위해서는 쓰이는 방식으로 택배비 지원이 의미 있는 사업이다. 영주에서도 쌀을 택배로 판매하는 경우 다른 지역과 가격 경쟁력을 위해 택배비를 지원하는 것으로 알고 있다. 이웃한 봉화군의 경우에는 최근 "농협을 통해 계통출하 되는 농산물에 대한 운송비를 지원"하겠다고 밝혔다.

개인적으로 이런 사업은 의미가 있다고 생각한다. 내용을 살펴보면 "봉화군은 2018년도 본예산에 6억 원을 편성해 지역 내 농협 4개소에 계통출하 수탁판매 되는 모든 농산물에 대해 총 운송비의 50%를 지원할 계획이다. 농산물 운송비 지원 사업은 봉화군이 지난 2017년에 전국 최초로 시행한 사업으로 시행 첫 해에는 지역 농협 4개소에 계통출하 된 농산물 1만7233톤, 4683

농가의 운송비 5억6,000여만 원을 지원해 농가의 유통비용 절감과 농산물 판매에 상당한 기여를 한 것으로 평가됐다. 농가에서는 별도의 신청서를 제출하지 않아도 농협에 계통출하하면 농협에서는 분기별로 농가별 출하내역을 군으로 통보하고, 군에서는 출하결과를 확인 후 농가별 계좌로 지원금을 입금"하게 되는 것이다.

이런 방식을 통하여 농민부담은 줄어든다. 산지 소비자 역시도 저렴하고 합리적인 금액으로 농산물 구매가 가능하다. 바로 지자체 역할과 농협 임무를 적절하게 조합한 사업으로 의미 있다.

또한 봉화군과 봉화농협은 최근에 정말 대단한 사업을 하나 구상발표했다. "봉화군이 경북지역 지자체 가운데 처음으로 '농업인 월급제'를 실시"하겠다고 한 것이다. 물론 회사원들이 월급을 매달 받는 것과는 조금 다른 형식이기는 하다. 하지만 대단히 획기적이다. 주로 가을, 겨울에 수입이 있는 농민들에게 봄, 여름에 미리 월급 형식의 돈을 지급함으로써 노동의욕과 생활안정에 큰 도움을 줄 수 있는 정책이라고 생각한다.

그 내용은 대략 이렇다. "농업인 월급제는 가을 수확기에 편중된 소득을 월별로 나눠 농업인에게 선 지급 제도다. 봉화군은 지난 2월 8일 NH농협 봉화군지부 관내 농협과 이 같은 내용이 담긴 업무협약을 맺었다. 벼 사과 고추 등 재배 농가의 안정적인 영농 추진을 뒷받침하기 위해서다. 협약에 따라 지역농협에 출하를 약정한 농민은 정산대금 일부를 매월 월급 형태로 선 지급 받아 생활비 영농자금 등으로 사용할 수 있다. 선지급분에 대한 이자는 봉화군이 지원한다"는 것이다.

또한 "농민은 일종의 무이자 대출을 받는 셈이다. 오는 4월부터 9월까지 매월 10일 신청 금액에 따라 100만~300만원이 농민계좌로 입금된다. 농업인 월급제는 농협에서 신용조사서를 발급 받은 뒤 읍·면사무소에 신청서를 제출하면 선정심의회를 통해 대상자를 선정한다. 봉화군에 따르면 봉화지역 내 농업 경영체에 등록을 마치고 신용문제가 없으면 신청이 가능하다. 군 관계자는 매달 교육·생활비 등으로 어려움을 겪고 있는 영세 농민들에게 큰 보탬이 될 것"이다.

이제까지 보아온 농촌·농업·농민 정책 중에 이런 아름다운 구상은 처음 본 것 같다. 한편 전국에서 농업인 월급제를 도입하거나 예정인 곳은 충북 청주시, 충남 당진·서산시, 경기 안성·화성시, 전북 익산시·무주군, 인천 강화군 등으로 알려졌다. 사실 이 사업은 그 동안 잘 시행되지 않고 있던 농협이 농민에게 연말 수

매가의 80%까지를 선 지급하는 '출하선도자금' 제도를 시행한 것일 뿐이다.

하지만 이제까지 그 어느 농협도 쉽게 시행하지 않던 것을 봉화 군이 시행하도록 한 것이다. 바로 이것이 대단하다. 아무래도 농민출신인 군수님 역량이 다시 보이는 것 같아 감사하고 고마울 뿐이다. 이제 영주나 예천 등은 따라 하기만 하면 된다. 감동에 는 무한 감사인사로 대답하면 될 것이다.

최근 영주와 봉화에 화제가 되었던 일이 있다. 지난 2018년 1월 초 '응우옌 부 뚜' 주한베트남 대사 일행이 봉화와 영주를 연이어 찾았다. 주한베트남 대사 일행이 경북 북부에 온 것은 교류협력 방안을 찾고 지역에 사는 결혼이주여성 권익 보호에 지방자치단체 협조를 구하기 위해서였다.

하지만 이들은 지역에 흩어져 있는 베트남 선조 흔적을 돌아보며 상당한 시간을 보냈다. 경북에 남은 베트남 선조 흔적은 화산 이씨(花山 李氏) 조상들이 남긴 것이다. 화산 이씨 시조는 베트남 리 왕조(Ly · 1009~1225) 왕자인 이용상이다. 1226년 반란을 피해 고국을 탈출한 그는 고려 옹진 화산에 정착한 뒤 몽골군과 전투에서 공을 세워 고려 고종임금에게서 성(姓)을 받았다.

화산 이씨 시조와 관련한 내용은 2017년 12월 베트남 국영방송에서 다큐멘터리로 소개했다. 베트남 대사 일행은 봉화군청에서 이용상과 유적지에 관해 설명을 듣고 후손 이장발의 충효정신을 기리려고 세운 충효당(문화재자료 제46호)을 돌아봤다.

이어 영주로 자리를 옮긴 찾은 대사 일행은 장수면 성곡리에 있는 화산 이씨 종택인 이당고택을 방문했다. 이당고택은 이용상의 22~23세손이 조선 말 건축한 것으로 전해진다. 지난 1월의 주한 베트남 대사의 영주, 봉화 방문 이후 바로 봉화군은 즉각적으로 새로운 사업을 하나 구상했다.

봉화군 봉성면에 '베트남타운' 건립을 추진한다고 2018년 2월 9일 밝혔다. 봉화군은 임진왜란 때 전사한 화산 이씨(花山 李氏) 이장발(1574~1592) 충효 정신을 기리려고 세운 충효당이 봉화에 있는 것에 착안해 베트남타운 건립에 나섰다.

베트남타운은 리왕조역사관과 같은 시설이 들어서는 베트남역사공원과 베트남마을, 베트남길 등으로 구성할 것으로 전해졌다. 군은 베트남타운을 관광자원으로 활용하고 두 나라 교류 활성화에도 이용할 방침이다. 봉화군은 베트남타운 건립에는 480억 원 가량 필요할 것으로 예상한다. 경북도 등과 협의해 베트남타운을 건립하도록 하겠다는 것이다.

이어 지난 3월에는 '베트남타운'과 봉화에 있는 베트남 리 왕조 유적에 베트남에서도 관심을 보이는 것으로 알려졌다. 베트남 전역을 방송권역으로 하는 하노이 TV 취재진이 지난 3월 9일 박노욱 봉화군수를 만나 베트남타운 조성과 관련해 인터뷰했다.

또 베트남 리 왕조 유적인 화산 이씨 충효당을 둘러보기도 했다. 봉화 곳곳을 취재한 하노이 TV 부 투 짱(VU THU TRANG) 기자는 "리 왕조 후손인 한국 화산 이씨에게 베트남 국민도 많은 관심을 보인다"며 "베트남타운이 한국과 베트남 사이 역사문화 교류 거점이 됐으면 한다"고 말했다.

또한 3월 하순에는 한국국학진흥원 연구부에서 봉성면 창평리 충효당을 찾았다. 연구부 12명의 이번 방문은 지역 문화재를 위한 환경정화 활동과 아울러 대한민국의 유일한 베트남 리왕조 유적을 답사하기 위함이었다.

연구부 권진호 부장은 "화산군 이용상의 행적은 역사적으로도 매우 흥미로운 사건"이라며 "봉화군에서 추진 중인 베트남타운 조성 프로젝트 소식을 접하고 관심을 두던 차에 찾게 되었다"고 말했다.

없는 것도 만들어 내던 봉화군의 재주가 가끔씩은 놀랍기도 하다. 사실 내성천에 은어가 없음에도 불구하고, 봉화읍내에서는 매년 은어축제를 열어 수십 만 명 관광객을 받고 있다.

이웃한 안동에서는 언제부터 인가 안동댐(?)에서 나는 고등어를 이용하여 간고등어를 팔 고 있다. 봉화군은 안동댐에서 자란 다음 회귀하는 육상은어가 나오는 명호천을 뒤로 하고 접근성이 좋은 내성천에서 은어축제를 열어 대박을 내고 있다. 베트남타운은 관광은 물론 지역 다문화가정과 다문화교육장으로도 의미가 있을 것으로 보인다. 기대가 크다.

영주에도 장수면 성곡리에 있는 화산 이씨 종택인 이당고택이 있다. 이당고택은 이용상의 22~23세손이 조선 말 건축한 것이라고 한다. 영주시도 봉화군과 손잡고 무엇이라도 하나 해야 하는 것 아닌가 싶다. 한국인과 기질적으로 비슷하며 현재 아시아에서 가장 빠르게 성장하고 있는 베트남의 희망찬 미래에 우리도 같이 동참할 수 있는 작은 기회를 잡았기 때문이다. 과연 영주시는 무엇을 할 것인가? 고민해야하는 시점이다.

다음은 최근 영주에서 발표한 좋은 사업이다. 개인적으로 영주 농업의 미래는 영주시농업기술센터에 있다고 생각하는 사람이다. 조선시대 진상품으로 영주를 대표하는 농산물은 풍기인삼 소백산 산나물 은풍준시다. 하나도 없는 곳이 부지기수인데 영주는 3가지나 된다. 그 만큼 영주 농산물은 특급이라는 말이다.

현재 이런 특급 농산물을 연구 육성 판매 유통까지 주도하는 곳이 바로 영주시농업기술센터다. 나는 이곳이 앞으로 영주농업발전에 정말 의미 있는 기관으로 자리 잡았으면 하는 마음이다. 절대적으로 규모를 늘리고 인원도 확충할 필요가 있다.

유기농 무농약 농업이라는 지역 농업의 큰 미래생산 동력으로 한 축을 이루고 있는 곳이다. 최근 영주시농업기술센터는 "농업용 유용미생물 배양액 공급 농가를 모집"한다고 발표했다. "영주시 관내 원예 및 과수 농가를 대상으로 토양환경을 개선하고 작물생육을 촉진시키는데 도움이 되는 농업용 유용미생물 공급에 대한 신청접수를 2월 12일부터 26일까지 농업기술센터, 지구지소, 읍면동사무소에서 접수 받을 계획이다"라고 한다.

아울러 "농업용 유용미생물"은 친환경농업, 지속가능한 농업 실현을 위한 농자재로써 농업인들의 관심과 수요가 지속적으로 증가하고 있는 가운데 센터는 작년에 120톤 미생물 배양액을 농가에 공급했다.

센터 담당자는 "미생물 배양액 공급을 위한 생산 공정을 체계적으로 관리하고 지속적인 품질관리를 통해 고품질의 배양액 공급에 힘쓸 것"이라고 말했다. 농업용 유용미생물 공급농가 모집에 관한 자세한 사항은 영주시청 홈페이지와 영주시농업기술센터 홈페이지를 통해 알 수 있다.

또한 영주시가 북부지역(순흥·단산·부석) 농업인의 영농편의를 위해 농기계 임대사업소 북부분소를 운영한다. 3월 29일 오후 2시에 단산면 옥대리에서 지역주민과 초청인사 등 150여명이 참여한 가운데 농기계임대사업소 북부분소 개소식을 개최했다.

영주시에 따르면 농기계는 가격이 비싸고 구입한 농기계 또한 이용효율이 낮아 농가에 적잖은 부담으로 작용하고 있다. 이에 시는 2007년 농기계 임대사업을 시작한 이후 2016년 남부분소 개소에 이어 2018년 북부분소를 개소해 3개 지점에서 권역별로 농기계임대 사업소를 운영 중이다.

지난해 3개 임대사업소에서 영농에 필요한 48종 450대 농기계를 연간 누계2,880여대를 임대해 농촌 일손 부족을 도왔다. 이는 2016년 대비 32%가 증가한 실적이다. 이번에 개소한 북부 분소는 단산면 옥대리 4430㎡ 부지에 국비 8억 원, 도비 2억 4,000만원, 시비 9억8,500만 원 등 총 20억2,500만원의 예산을 투입했다.

사무실, 교육장, 농기계창고, 콩 정선장 등 시설과 과수분야 농기계, 퇴비 살포기 등 21종 110대 농기계를 갖추고 효율적이고 체계적인 임대사업을 시작한다. 이에 앞서 지난 2월 23일부터 3월 9일까지 농업인 350명을 대상으로 임대농기계(농용굴삭기, 트랙터) 면허 취득교육도 실시했다.

이번 교육을 통해 그동안 미면허로 소형건설기계를 임대하지 못한 농업인들도 농기계를 임대할 수 있게 됐다. 시는 농기계 수리점이 없는 읍 면 산간오지마을을 매년 직접 찾아가는 농기계 수리 정비서비스와 안전교육을 실시한다.

2018년 11월까지 50여개 마을을 순회하며 서비스를 실시한다. 1만 원 이하의 소모성 부품은 무상으로 수리해 준다. 3~4월에는 경운기, 이앙기 등을 중심으로 점검하고, 5~10월은 작업 도중 고장난 농기계 수리, 11월에는 월동기 관리 보관요령 위주로 지도한다.

이런 사업은 바로 미래성장 동력인 영주농업에 특히, 친환경농업, 지속가능한 농업 실현을 위해 반드시 필요한 사업으로 큰 의미가 있어 보인다. 나는 늘 영주시농업기술센터의 감동적인 사업에 주목하고 있다.

마지막으로 예천군의 "찾아가는 산부인과 운영"도 눈에 들어오는 사업이다. 요즘 지방 소도시는 어디를 가도 아이 울음소리가 들리지 않는다. 예전에는 '글 읽는 소리' '다듬이질 소리' '아이 울음소리'가 들리는 집이 희망이 있고 행복이 넘치는 집이라고 했다.

요즘은 이 소리 가운데 특히 아이 울음소리가 들리지 않는 집이 너무 많다. 특히 시골 소도시는 다양한 출산육아 지원책을 제시해도 출산이 늘지 않아 걱정인 곳이 많다. 그 만큼 매력적이고 끌리는 도시를 만들지 못한 위정자들의 책임이 크다고 할 수 있다.

예천군은 최근 "의료취약지역의 임산부나 여성들의 산전건강관리 및 부인과 질환 예방을 위해 2월 8일 용문보건지소를 시작으로 매월 찾아가는 산부인과를 운영한다. 우리 동네 산부인과는 예천지역 병원과 협약을 통해 산부인과 전문의, 간호사, 행정요원으로 구성된 팀이다. 이들은 이동식 초음파장비를 활용해 산전 진찰, 태아 심장 박동소리 등 임신 주기에 따라 필요한 진찰과 검사를 실시한다. 부인과질환 등의 검사를 희망하는 임산부 및 여성들은 누구든지 신청하면 무료로 진료 받을 수 있다"고 밝혔다.

아울러 "면지역에 거주하는 임산부나 여성들이 산부인과가 없어 산전 진찰 등을 위해 다른 지역으로 원정 진료를 가야하는 불편이 해소되고 경제적 부담도 줄어들 것으로 기대하고 있다. 향후 접근성이 떨어지는 지역 산모들의 산전 서비스에 아낌없는 지원을 실시해 아이 낳고 기르기 좋은 행복예천 만들기에 앞장서겠다"고 했다.

이런 작지만 소중한 정책들이 모여서 지방 소도시를 살릴 수 있는 것이다. 그래야 보다 매력적이고 사람이 모이는 농촌을 만들 수 있다. 오늘도 조금이라도 더 의미 있고 생산적인 정책을 고민하고 대안을 만들고자 고민하는 정치인공무원들에게 작은 고민제(劑)가 되었으면 하는 마음이다.

24. 앞으로 영주봉화는 청백리 교육 프로그램 개발이 살 길이다.

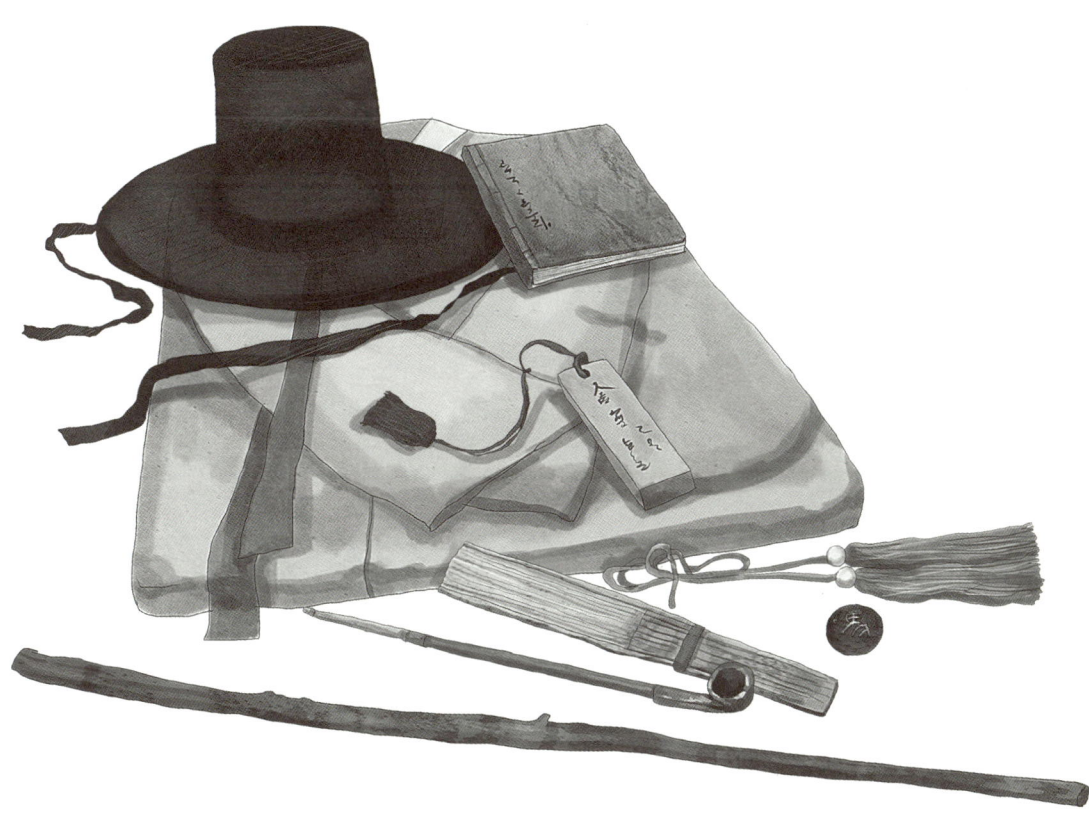

1990년대가 되면서 영주시는 '선비의 고장'이라고 하는 특화된 브랜드로 세상에 다시 알려지기 시작했다. 그런데 문제는 선비의 고장이라는 브랜드는 구체적 형상으로 그려지거나 잡히지 않

는다는 것이다. 따라서 선비라는 말의 실체를 두고 설왕설래하는 일도 생겨나고 있다. 여기에 선비라고 하는 브랜드를 사용하고 있는 도시가 3~4곳이나 되는 것도 문제이다.

영주보다 먼저 양반 선비 브랜드를 쓰고 싶어 했던 안동의 경우에도 화가 나서 양반의 도시, 한국정신문화의 수도, 이제는 다시 선비의 도시라는 말을 조심스럽게 쓰고 있는 상황이다. 사실 '양반(兩班)'이라는 말에는 어느 정도 구체성이 있다. 사전적인 의미로 보자면, "국왕이 조회(朝會)할 때 남향한 국왕을 중심으로 문반(文班)은 동쪽에, 무반(武班)은 서쪽에 섰는데, 이 두 반열을 양반"이라고 했다.

그런데 선비는 약간은 추상적인 의미다. 물론 실체는 있다. 하지만 선비는 양반 가운데 "학식은 있으나 벼슬하지 않은 사람"을 이르던 말로 쓰였다. 때로는 "학식이 있고 행동과 예절이 바르며 의리와 원칙을 지키고 관직과 재물을 탐내지 않는 고결한 인품을 지닌 사람"을 이르는 말로 쓰인다. 아무튼 이미지와 구체성이 별로 없는 것이 문제다. 그럼 양반 중에 누구는 선비이고, 선비가 아닌 자는 누구인가? 라고 물어보면 답을 하는 것이 애매하다.

이래서 30년 가깝게 영주를 선비의 고장이라고 하는데도, 여러 가지 찬반양론이 계속되고 있는 것이다. 흔히 유학을 신봉하는 사람들을 유림(儒林)이라고 한다. 유림도 추상적이다. 하지만 나름 조직이 있고, 모임도 있다. 따라서 거부감이 적다. 그런데 선비는 모임이 없다. 구체적인 형상도 없어서 허상을 잡고 흔들고 있는 기분이 들기도 한다. 특히 젊은 사람들은 늘 갸우뚱 갸우뚱 하는 것 같다.

영주에서는 선비촌과 소수서원, 선비문화수련원 등을 중심으로 다양한 선비강좌를 하고 있다. 하지만 이것 역시 유학을 가르치는 것을 제외하고는 추상성을 못 벗어나고 있는 것 같아서 마음 아플 뿐이다. 그렇다면 안동, 영주, 봉화 지역에서 보다 구체적이면서도 눈이 들어오는 양반상이나 선비상을 무엇일까?

나는 소위 종가 중에서도 '불천위(不遷位)종가'를 존경하고 좋아한다. 향천을 제외한 국천 불천위의 경우에는 대부분 벼슬을 한 사람들로 구성되어 있다. 현대적으로 보았을 때 향천이나 국천을 애써 구분할 필요는 없다. 또한 지금 와서 경중을 따지는 것 또한 의미가 없어 보인다. 하지만 개인적으로 불천위 종가에 대한 경애심은 대단하다. 그런 집안의 종손이나 종부를 만나면 그냥 머리가 숙여지고 존경심이 솟는 것 또한 사실이다.

그런데 사실 내가 보통의 불천위종가보다 더 높게 치는 집안이 따로 있다. 바로 청백리(淸白吏)에 녹선(錄選)된 집안 후손들이다. 청백리는 관직 수행 능력과 청렴 근검 도덕 경효(敬孝) 인의(仁義) 등의 덕목을 겸비한 조선시대 이상적인 관료상이다. 일반적으로 의정부에서 뽑은 관직자에게 주어진 호칭이다.

사료(史料)에 따라 인원수가 조금씩 다르지만 조선시대에 200여 명이 배출되었다. 대표적 인물로는 맹사성 황희 최만리 이현보 이황 이원익 김장생 이항복 등이 있다. 후손들도 상당한 혜택을 받았다. 안동출신으로는 농암 이현보 선생, 퇴계 이황 선생이 있다.

영주와 봉화군에는 계서 성의성 선생이 대표적인 인물이라 할 수 있다. 춘향전의 남자 주인공인 계서 선생은 봉화읍 문단리 출신으로 유택(幽宅)이 이산면에 있고, 인근에 계서정이라고 하는 작은 정자도 있어 여러 가지 사업구상이 가능한 분이다.

나는 이들 집안 후손들을 보면 그냥 말을 못한다. 정말 존경스러운 분들의 후손이라는 생각이 든다. 그래서 진짜 종가는 청백리 종가라는 생각을 많이 한다. 아무튼 개인적으로 안동은 이미 팔아먹을 것이 많은 곳이다. 양반의 도시, 한국 정신문화의 수도,

선비의 고장 등등의 브랜드가 있다. 농산물도 안동한우, 안동사과, 안동마, 안동간고등어 등등 너무 많다.

반면 영주와 봉화는 이런 면에서 보자면, 안동과 경쟁 관계이면서도 새로운 무엇인가를 찾지 않으면 상생이 안 되는 어려운 상황에 와 있다. 개인적으로 바로 선비라고 하는 추상에서 벗어나 청백리라고 하는 청렴 근검 도덕 경효(敬孝) 인의(仁義) 등의 덕목을 겸비한 양반상 선비상을 21세기 코드에 맞게 정립하는 것이 중요한 시점이라는 생각을 자주 한다.

양반이나 선비라고 하는 약간은 추상적인 대상에서 벗어나 보다 구체적이고 현실적인 대안으로 청백리라고 하는 이미지를 재발견해내는 것이 중요하다. 혹은 청백리들을 연구하는 과정을 통하여 그들의 삶과 행적을 배우고 다시 익히는 훈련과정에서 21세기에 알맞게 적용하는 것이 필요할 것 같다.

과거는 끊임없이 현재와 대화를 통하여 미래를 만들어 가는 거울이 된다. 영주와 봉화는 기존에 있는 선비관련 교육과 프로그램을 보다 구체적이고 능동적으로 변화할 수 있도록 새롭게 청백리상을 만들어 현실에 응용하는 것이 좋을 것 같다.

이제부터는 청백리에 대한 교육을 시작으로 공무원은 물론 기업체 연수와 교사 및 교육자 연수, 학생들에게는 미래에 청백리로 살 수 있도록 지도교육하는 프로그램으로 만들어 내는 것이 가능할 것이다. 물론 지역에서 일하고 있는 공무원 등에게도 필요한 교육과제가 될 것이라고 본다.

21세기 영주와 봉화에는 양반이나 선비라고 하는 추상적인 개념의 이론과 프로그램 보다는 청백리라고 하는 구체적이고 현실적인 그림이 그려지는 형상으로 청백리와 관련된 교육 프로그램과 시설을 만들어 내고 육성해 나가는 것이 절대적으로 필요한 시기가 되었다고 본다.

당장이라도 농암 이현보 선생, 퇴계 이황 선생, 계서 성의성 선생의 업적과 삶을 더 연구하고 구체적으로 분석하여 필요한 프로그램을 만들어 교육을 시작하자! 그리고 민간에서는 '청백리 연구소' 등을 만들어 내는 일도 필요한 시점이다. 지자체도 연구기관을 만들면 더 좋을 것이다. 몇 년 준비하면 큰 성과가 있을 것으로 보이는 사업이다.

25. 영주도 이제 시립연극단 하나는 만들어야지

연간 6,500억 원 규모 예산을 집행하고 있는 영주시는 문화 관광 분야 예산으로 올해 573억 원이 잡혀있다. 그런데 영주시는 아직 시립예술단이 없다. 시청소속 실업팀으로 우슈쿵푸팀, 복싱팀, 육상팀이 있기는 하지만, 이것은 정부지원과 스포츠분야 예산으로 운용되는 것으로 알고 있다.

사실 지역을 알리고 홍보하는데, 향토역사문화를 알리는데 예술단만 한 것이 없다. 인구 10만 명이 조금 넘는 영주시에서 가능한 예술단은 무엇일까? 영화나 드라마를 지역 힘으로 스스로 만드는 것은 힘든 상황이다. 그렇다면 음악이나 공연 쪽이 적당할 것 같다.

현실적인 비용과 예산문제를 생각해보면 음악을 연주하고 노래하는 교향관현악단이나 합창단을 만들고 유지하는 일은 쉬운 일은 아니다. 필요한 인재를 구하는 것도 쉽지 않은 일이다. 물론 작은 규모로 만들어 지역을 순회하면서 공연을 하는 것은 현실적일 수는 있다.

하지만 자원을 확보하고 유지 관리하는 측면에서 보자면, 간단한 일은 아닐 것이다. 물론 장기적으로 이런 고민을 해보는 것은 의미가 있다고 하겠다. 그래서 현실적으로 연극단을 만드는 것이 가장 좋지 않은가 하는 생각이다.

지역에서 가장 알차고 내실 있게 활동하고 있는 마당놀이 '덴동어미 화전놀이'팀을 시립극단으로 만들어 지원하는 것이 좋은 방안이 아닌가 하는 생각을 하게 된다. 덴동어미는 〈소백산 대관록〉이란 필사본에 실려 있는 장편서민가사로 순흥지방 화전놀이를 읊은 것인데 덴동어미의 비극적인 일생을 액자구성으로 노래한 것이다.

내용은 순흥 어느 한 마을 부인네들이 비봉산에 모여 화전을 즐기다가 어떤 청춘과부가 신세를 한탄하면서 개가할 뜻을 비친다. 이에 덴동어미가 자기의 기구한 팔자를 자세히 일러주면서 개가하지 말고 주어진 운명대로 살라고 설득하자 청춘과부는 마음을 고쳐먹고 봄춘자 노래를 부르며 즐겁게 놀았다.

이어 모두가 기쁜 마음으로 화전놀이를 끝내게 되었다는 것이다. 청춘과부의 신세한탄으로 인하여 침체된 화전놀이 분위기를 전환시키기 위하여 소개한 덴동어미의 일생 이야기가 작품의 중심을 이루고 있다.

덴동어미는 임이방의 딸로서 16세에 예천 읍내 장이방 집으로 시집갔으나 남편이 단오 날에 그네를 뛰다가 떨어져 17세에 과부가 된다. 다시 상주 이승발의 후처로 개가했으나 과중한 징포로 인하여 도산하고 경주 군뇌집에 안팎 담살이를 하게 된다.

열심히 일해 수만금 돈을 모아 월수를 놓았으나 괴질로 인하여 남편도 죽고 월수 돈을 꾸어간 사람들도 모두 죽었기 때문에 빈털터리 과부가 되어 유랑하게 된다. 다시 울산에서 옹기장사하는 노총각 황도령을 만나 결혼했으나 산사태로 남편을 잃고 말았다.

주위의 권유로 또다시 엿장수 홀아비 조서방과 결혼하여 만득애자를 얻었는데 별신굿에 팔 엿을 고다가 불이 나서 남편은 타죽고 아이는 불에 데어 장애인이 되었다. 하는 수 없이 덴동이 만득애자를 업고 60이 다된 나이로 고향 순흥으로 돌아오게 되었다는 내용이다.

4번이나 결혼을 해도 다시 과부 신세를 면할 수 없었던 구체적인 경험을 통하여 청상과부에게 운명과 상황에 순응해야 한다는 교훈을 제시하고 있다. 표면적으로는 운명론적 세계관을 드러내고 있으나 내면적으로는 자신의 회고담을 통하여 운명을 개척해 나가는 강인한 의지와 삶의 태도를 보여주는 내용이다.

덴동어미의 인생사에는 조선 말 가혹한 징세와 지배층의 수탈, 경제적 몰락으로 인한 유랑생활과 서민들의 궁핍한 생활, 재혼의 자유스러움 등이 잘 나타나 있다. 사실 연간 10억 원 내외 예산이면 지역에서 시립극단을 운영하는 것은 충분히 가능하다. 덴동어미는 지난 2016년에는 국비사업선정으로 3억 원을 지원받았다.

2017년에는 일본 후지노미야시와 베트남 호찌민시에서 개최되는 경주세계문화엑스포 초청공연에도 참가했다. 2018년 예산도 덴동어미 화전놀이개발에 5억 원이 책정되어 있는 상황이다. 영주시는 이미 작년에 덴동어미를 지역대표 콘텐츠로 집중 육성하겠다고 했다.

순흥에 있는 한국문화테마파크 내 마당놀이 공연장에서 상설공연을 하고 있다. 각종산업과 연계해 새로운 부가가치를 창조하는 콘텐츠로 육성할 방침이라고 밝혔다. 또한 전용극장 운영과 신인배우양성에 매진하겠다는 입장도 밝힌바 있다.

덴동어미 화전놀이는 영주를 가장 잘 알릴 수 있는 내용의 공연이며, 지역에서 지원하면 50년~100년 장기공연이 가능한 놀이이다. 따라서 지역 차원에서 지속적인 관심과 응원이 필요함과 아울러 시립극단으로 전환하여 공연진 모두에게 안정적인 생활을 지원하는 것이 필요하다.

영주시는 본격적으로 덴동어미에 대한 연구개발과 공부모임은 물론 시립극단으로 전환 시 활성화 방안을 고민해봐야 할 것이다. 당장의 재정부족은 캐릭터를 이용한 팬시상품(fancy商品, 실용성보다는 장식성을 위주로 한 일용품)판매 및 공연 유료화, 개인이나 기업후원 등으로 보충하면 될 것이다.

26. 덴동어미 화전가, 순흥초군청놀이
   대박 행진을 기원하며

일본 오사카 근처에 있는 효고현 다카라즈카시(宝塚市)는 인구 20만 명의 작은 도시에 연간 120만 명 내외의 관광객이 방문한다. 일본 어디에도 있는 온천을 제외하고는 특별한 볼거리가 없는 이곳에 관광객이 몰리는 이유는 딱 한 가지다.

바로 민간전철회사인 '한큐전철주식회사(阪急電鉄株式会社)'가 지난 1914년에 창립 운영하고 있는 미혼 여성들로만 구성된 브로드웨이 뮤지컬극단인 '다카라즈카가극단(宝塚歌劇団)'의 공연 때문이다. 100년이 넘는 역사를 자랑하는 가극단의 힘이다.

쇼핑 혹은 먹을거리나 문화유산, 자연유산도 아니고 공연으로 사람을 불러들인다는 발상이 무척 흥미로운 곳이다. 물론 다카라즈카시에는 온천 이외에 1913년부터 계속되는 '다카라즈카 관광불꽃놀이'가 유명한 것도 관광객이 몰리는 이유 중에 하나이기는 하다. 하지만 가장 큰 이유는 분명 다카라즈카가극단 때문이다.

극단은 주로 미국 브로드웨이 스타일 뮤지컬에서부터 일본 순정만화, 문학작품을 각색하여 공연한다. 공연은 대부분 다카라즈카 시에 있는 다카라즈카 대극장에서 일부는 도쿄에 있는 다카라즈카 극장(東京宝塚劇場) 등에서 열린다. 출연배우는 전원 '다카라즈카음악학교' 졸업생과 재학생으로 구성되어 있다.

결혼 등으로 퇴단 후 복귀하는 경우나, 외부 배우가 출연하는 경우는 없다. 또한 단원이 다른 무대나 TV등에 출연하는 경우도 거의 없다. TV가 대중화되면서 일시 혹평을 받기도 했지만, 1974

년 이케다 리요코의 원작 만화 '베르사이유의 장미'를 무대화하며 다시 큰 성공을 거두었다.

베르사이유의 장미는 이후 극단의 대표공연으로 자리 잡았다. 여성극단인 관계로, 남성 역할도 여성이 맡는다. 공연 주제는 고금동서를 모두 망라하며, 역사극, 판타지, SF 등등 다채롭다. 단원 전부는 한큐전철 소속 직원으로 월급을 받는다.

재미난 것은 모든 단원의 개인 프로필은 생일만 공개되고, 나이와 본명은 비공개다. 모두 예명으로 활동하며, 본명은 쓰지 않는다. 물론 예명은 자유롭게 지을 수 있다. 단원은 전원 다카라즈카 음악학교에서 예과 2년 본과 2년 교육을 이수한 직업배우들이다.

단원은 전부 '생도'라 불린다. 극단과 음악학교가 하나였을 당시의 관례가 이어진 것이다. 단원을 생도, 연습장을 교실, 연출가를 선생이라 부른다. 단원은 극단에 입단하면서 남성역과 아가씨 역 가운데 하나를 희망대로 정한다.

창설 초기에는 아가씨 역 쪽이 인기가 높았으나 현재는 남성역 쪽이 인기 있다. 무대 구성은 남성역이 중심이다. 극단의 큰 특징 가운데 하나는 배우의 스타 시스템을 들 수 있다. 공연하는 작품에서 중요한 배역을 담당하는 사람은 기본적으로 각 조에 소속된 배우 가운데에서 뽑힌 일부 스타로 한정되어 있다.

스타가 관객동원이나 인기몰이에 중요한 역할을 하는 것이다. 각 조에서 가장 인기 있는 남자 역 배우는 주연 남자 역, 통칭 톱스타라 불리며, 주인공을 맡는다. 각본도 톱스타에 맞춰 작성된다. 그리고 톱스타의 상대역인 여자 역할 배우는 주연 아가씨 역, 통칭 톱 아가씨 역이라 불린다.

일반 상업 극단과 달리, 톱스타 및 톱 아가씨 역이 계속 주연을 맡게 된다. 톱스타를 정점으로, 밑으로 2순위, 3순위 등 역할이 붙여진다. 톱스타 외에는 능력에 따라 순위가 변동된다. 스타는 용모, 스타성, 인기가 중요한 요소다. 실력이 있다고 해서 반드시 스타가 된다는 보장은 없다. 입단 당시에는 하급 레벨이었으나 노력을 거듭하며 인기를 얻어 톱스타로 승진하게 된다.

극단은 현재 하나구미(花組) 츠키구미(月組) 유키구미(雪組) 호시구미(星組) 소라구미(宙組) 그룹과 특별 그룹인 전과(專科)로 구성되어 있다. 생도는 각각 다섯 그룹 또는 전과 소속으로 나뉘어 있다. 그룹별로 개별 공연을 한다. 필요에 따라 전과에 소속된 생도가 참가하는 형태다. 각 그룹에는 대표인 조장(組長)과 부조장이 있다.

공연은 주로 '본 공연(本公演)'이라 불리는 대극장 중심이며 수시로 전국순회공연을 가진다. 순회공연은 오사카 우메다 예술극장(梅田芸術劇場), 후쿠오카 하카타좌(博多座), 나고야 주니치극장(中日劇場), 도쿄 닛세이극장(日生劇場) 등에서도 열린다.

물론 주요 공연은 다카라즈카 대극장이나 도쿄 다카라즈카 극장에서 상연한다. 각 그룹이 돌아가면서 공연한다. 보통은 전속작가가 각 그룹의 톱스타에 맞춰 작성한 신작을 상영한다. 때로는 해외 뮤지컬 상연이나 과거 작품을 재연하는 경우도 있다.

조별로 순번을 정하여 공연을 갖는 것이 정착되어있다. 본 공연에는 각 그룹의 모든 단원이 출연한다. 통산 공연은 한 달에서 한 달반 정도다. 원칙은 다카라즈카 대극장 공연이 이루어진 후에 도쿄 다카라즈카 극장에서 추후 공연한다.

작품이 대히트하는 경우에도 기간을 연장하지는 않는다. 전속 오케스트라가 따로 음악을 담당한다. 각 그룹 별로 본 공연은 1년에 한두 작품 정도다. 공연과 공연 사이에는 전국 순회공연을 갖는다. 신인들 위주로 편성되는 신인 공연도 다카라즈카 대극장 및 도쿄 다카라극장에서 수시로 열린다.

뜬금없이 일본 지방 소도시와 가극단 이야기를 하는 까닭은 볼품없는 소도시가 연극하나로 전국에 이름을 알리고, 기업 지원을 받아 연극학교와 극단운영으로 인구의 6배가 넘은 관광객을 받고 있다는 사실 때문이다. 물론 대기업 지원이 주요하며, 기업이 연극학교를 운영하고 있다는 사실도 주목하여 볼 필요가 있다.

실은 극단을 운영하는 철도기업은 여객을 운송하는 일로 수익을 얻고, 극단 운영으로 부수입을 얻고 있다. 늘 아쉬운 것 중에 하나가 바로 영주에도 지역 색이 짙은 작품이 있다는 사실이다. 이 작품으로 성공할 가능성이 분명하게 보인다. 바로 '뎬동어미 화전가' '순흥초군청놀이'다.

한국적인 것이 가장 세계적이고, 지역 특색이 강한 작품이 전국화 될 수 있는 우수한 토양이 된다. 우리도 '선비'로 브로드웨이에서 공연할 수 있다. '뎬동어미 화전가' '순흥초군청놀이'로 카네기홀에서 주목받을 수 있다. 영주에서 당장 기업 후원은 힘들다. 하지만 지역 기업의 공동지원과 시 차원에서 적극적인 지지와 응원은 물론 시민들의 후원으로 유료공연이 가능한 공연을 만들어 낼 수 있다.

또한 전국순회공연은 물론 해외공연도 고민해 볼 수 있다. 공연 내용은 부석사의 의상대사와 선묘낭자 이야기, 풍기인삼과 관련된 재배기술과 설화를 바탕으로 하는 이야기를 인삼축제행사장에서 공연하는 것도 필요하다. 아울러 소백산과 희방사와 관련된 설화, 전설을 연극으로 만들어 보는 것도 바람직할 것 같다. 당연히 지역 축제와 결합하는 문제도 절대적인 과제일 것이다.

이제라도 늦지 않았다고 생각한다. 일할 사람도 쉽게 구할 수 없는 지방 소도시에서 공단조성이나 공장유치 보다는 보다 현실적인 대안으로 있는 자원을 극대화하는 방향으로 '시립극단을 만들어 지원하면 어떨까'라고 고민하고 제안해 본다. 생각보다 어렵지 않은 일이다. 뜻이 있으면 반드시 길은 열려있다.

27. 오직 시민만을 바라보는 행정으로
　　　탈바꿈했으면 좋겠네!

최근 지역에서 나온 기사 중에 깜짝 놀란 것이 하나 있다. 하나의 시군도 아니고 3개 시도가 뜻을 모아 '산간오지를 순회하는 병원용 의료버스를 운행'하고 있다는 소식이다. 구체적인 내용을 보자면 다음과 같다.

"경북 김천시에서 출발한 의료버스가 충북 영동군과 전북 무주군의 산골마을에서 지역민의 건강 검진을 하고 있다. 의료와 문화의 사각지대인 3개 시도 접경지역 9개 면 60개 마을을 대상으로 최신 의료장비를 갖춘 버스가 정기적으로 찾아가 검진과 진료를 하는데, 기다리는 시간에는 영화를 상영하고 있다"

사실 쉽지 않은 결정을 3개 시군이 함께 해준 것이다. 특히 다른 시도 임에도 불구하고 이런 결정과 함께하여 집행하고 있다는 사실이 부럽기도 하고 대단했다. 경북에서 유일하게 종합병원이 없는 시(市)인 영주시는 사전검진을 통한 질병 예방확대 차원에서 이런 소식에 대하여 고민해야할 것이 많을 것 같다.

개인적으로는 초고령화시대를 맞이하여 지역 어르신들을 위한 순회 진료버스는 시급히 필요한 사업이 아닌가하는 생각이 든다. 영주를 포함하여 봉화, 예천, 문경 정도를 연결하는 방안과 영주, 봉화, 예천, 단양을 연결하는 방안이 적당할 것 같아 보인다. 국회의원 지역구로 구분하여 영주, 예천, 문경도 타당할 것 같다.

최근 영주시농업기술센터가 새롭게 육성하고 소득 작목으로 잡은 '지황' 재배기술과 교육에 주목하게 된다. '지황은 땅속에 있는 노란 뿌리'라는 뜻으로 피의 생성을 돕고 뭉친 피를 풀고 하혈에도 좋으며 코피를 흘리거나 피를 토할 때에 사용하는 약재 중에 하나다.

지역의 새로운 소득 작목으로 지황에 대한 농가들의 관심이 높아지고 있는 가운데 품목별 상설교육으로 소비자가 찾는 안전한 농산물을 생산해 농업인들에게는 소득증대와 소비자들에게는 영주 농산물의 깨끗한 이미지 제고의 기회가 될 것 같다.

영주시농업기술센터는 최근 자체 교육장에서 지역의 새로운 소득 작목 발굴과 고품질 안전농산물 생산으로 지역농산물 경쟁력을 높이기 위한 '지황 재배기술 및 GAP 교육'을 실시했다. 이번

품목별 상설교육은 지역에서 재배면적이 증가하고 있어 농가들의 관심이 높은 지황을 중심으로 새로운 농업소득원을 찾기 위해 마련됐다.

특히 영농시기별 실천과제 교육을 통해 관내 농업인의 재배기술을 향상시키는데 목적이 있다. 교육에는 지황재배 및 GAP인증에 관심이 있는 농업인 160명이 참석해 자리가 부족할 만큼 호응이 높았다. 오전에는 안전한 먹을거리 생산을 위한 GAP 교육을 실시하고 오후에는 지황재배 시 발생하는 문제점과 주의사항을 중심으로 교육이 진행됐다.

정말 영주는 소백산과 내성천을 중심으로 약용작물 재배와 무농약 및 유기농업에 목숨을 걸고 매진할 필요와 시기에 와 있다. 아울러 영주시는 기후변화에 선제적으로 대응하는 새로운 소득 대체 작목 발굴에 나섰다.

지난 3월 15일 풍기읍 김명규씨 농가에서 기존에 보유한 시설하우스 2,000㎡를 활용해 한라봉과 레드향 묘목을 각각 300주씩 식재하고 실증재배에 들어갔다. 영주농업기술센터는 미래농업관에서 수년 전부터 기후 변화에 선제적으로 대응하고자 아열

대성 작물인 감귤류 재배법을 연구해왔다.

이번 실증재배는 3년간 시험재배를 마친 한라봉과 레드향을 농가에 직접 옮겨 심어 소득화 할 수 있는 모델을 찾기 위해 추진하는 프로젝트다. 실증재배에 참여한 김명규씨는 "오랫동안 시설화훼 농사를 짓다가 김영란법 이후 소득이 줄어 노동력과 경영비 절감을 위해 대체작물로 한라봉과 레드향 재배를 시도하게 됐다"며 "영주 최초 재배인 만큼 소비자 체험 등과 연계해 새로운 소득원으로 자리매김할 수 있도록 농사를 짓겠다"고 말했다.

영주시는 지난 2015년 연구개발과 신설 후 미래농업관을 조성해 변화하는 기후에 적합한 새로운 작물을 도입, 농가보다 앞서 시험재배를 실시하고 있다. 바나나, 파파야, 무화과, 커피, 한라봉, 천혜향, 구아바 등 20여종의 아열대 작물을 키우고 있다. 특히 지역 농업인의 현장 교육장이자 시민들의 휴식공간으로 많은 인기를 얻고 있다.

센터 담당자는 "올해 만감류 뿐만 아니라 삼채, 구기자, 지황 등 특용작물과 함께 열대채소, 패션프루트 등 다양한 신규 작목을 농가 현장에 시범적으로 투입하여 재배기술 체계 확립 등 새 기술 보급에 노력하겠다"고 밝혔다. 21세기에 이런 대안과 방향이 없으면 그나마 줄고 있는 지역 농민농업은 물론 귀농귀촌 등을 통한 인구 증대도 힘든 상황이 된다.

다음은 서울에서는 지난 2015년부터 지속되고 있는 사업 중에 하나인 '찾아가는 동주민센터' 사업이 지방에서는 본격적으로 틀을 만들어 가고 있는 것 같다. 봉화군은 지난 2018년 2월 26일 봉성면 봉양리 마을회관에서 2018년 첫 '찾아가는 지적민원처리제'를 운영했다.

농촌지역 주민들의 편익증진을 위해 산간 오지마을과 군청에서 멀리 떨어져 교통이 불편한 지역 주민들을 직접 방문하는 '찾아가는 지적민원처리제'는 군내 10개 읍·면에 월1~2회, 연간 10회 이상 서비스를 제공하게 되며 3월에는 명호면을 찾는다.

이 날 봉성면장, 지적담당, 토지담당, 한국국토정보공사로 구성된 합동 민원처리반이 봉성면 봉양리 마을회관을 찾아 주민들의 지적, 도로명 주소 등에 대한 궁금증을 해결했다. 민원 처리반은 경계측량, 토지합병 등 지적관련 문의사항 20건에 대해 현장에서 상담처리 했다.

이어 건축, 도로명 주소, 기타 생활민원 관련 문의사항 15건에 대해서도 상담했다. 현장에서 처리가 불가능한 민원은 관련부서 담당자와 협조하여 결과를 유선으로 통보했다. 주민들의 궁금증을 해소하고 편의를 도모했다. 봉화군 관계자는 "찾아가는 지적민원처리제로 주민들의 편익 도모는 물론 신뢰받는 지적행정 구현을 위해 앞으로도 발도 뛰도록 하겠다"고 했다.

과거 행정의 관점은 주로 관(官)이 주도하고, 민(民)이 그냥 끌려가는 상황이 일반적이었다. 관은 주로 도로를 많이 건설하고, 집을 필요한 만큼 짓는 일에 충실하면 되었다. 기타 상하수도를 확충하는 일이 전부였다. 하지만 이제는 민을 우선에 두고 관이 다양한 지원방법을 모색하는 상황으로 바뀌었다.

물론 가장 보수적인 집단 중에 하나인 공무원 사회가 쉽게 바뀔 수 있다고 생각하지는 않는다. 엄밀하게 보면 새로운 시장 군수가 와도 4년만 참고 버티면 또 다른 사람으로 바뀌는 관계로 최대한 빨리 진을 빼고 지치도록 만드는 전술을 통하여 뺑뺑이나 돌리고 인사말만 하고 다니게 만들기도 했다.

하지만 생각이 있는 시장 군수들은 지역 순회나 인사말이나 하고 다니는 것을 지양하고, 기존 조직을 새롭게 편성하거나, 사안별로 TF팀(테스크 포스, Task Force, 군사와 행정 분야에서 특정한 업무, 임무를 할당받아 해결하기 위해 편성되는 임시 조직)을 만들어 사업 전반을 새롭게 관할했다.

세종의 집현전이나 정조의 규장각인 현대적인 의미에서 보자면 바로 TF팀의 옛 이름이다. 세종과 정조 임금은 기존 의정부와 육조(六曹)를 통한 정책 입안과 집행에 문제가 있다는 생각을 가지고 전문가 집단을 구성하여 특정 사업별로 TF팀을 구성하여 그들을 중심으로 연구하고 직접 보고하게 함으로써 사업의 원활화는 물론 전문화에도 기여했다.

그래서 개인적으로 이제부터는 기본 조직을 새롭게 개편하는 것도 중요하다고 본다. 중요한 사업이 생기면 그것을 기획하는 단계에서부터 TF팀을 꾸려 직급에 상관없이 팀장을 세운다. 팀장을 중심으로 소수 정예의 인원이 사업을 입안한다. 이어 수시로 시민 및 공무원 다수와 공유하면서 사업계획을 잡고 실행하는 일을 했으면 하는 마음이다.

그래야 시도를 넘나드는 의료버스도 만들 수 있다. 영주와 봉화군의 경우에는 양반과 선비문화를 넘어 '청백리' 관련 연구소나 사업을 같이 할 수 있다. 영주와 봉화는 춘향전의 남자 주인공

성의성 선생 사업도 더욱 더 공유할 수 있는 것이다. 최근 논의 되고 있는 '베트남타운' 건립과 추진도 함께 할 수 있는 것이다. 다행스럽게도 결혼 이민자도 많고 국민정서가 비슷한 베트남과는 교류할 것이 무척 많다.

영주와 문경은 사과에 대한 교육과 연구도 같이 할 수 있고, 오미자에 대한 것도 공유할 수 있는 것이다. 예천의 곤충 연구와 활에 대한 자료도 공동으로 배울 수 있다. 영주가 자랑하는 풍기 인삼도 더 지역을 넓힐 수 있는 것이다. 생산은 물론 재배 기술 등등도. 이제는 상호 협업 없이는 특히 지방 소도시는 살길이 없다. 인구도 줄고 자원도 줄어드는 상황에서 서로 긴밀한 유대를 통하여 살길을 모색하는 것이 필요한 것이다.

그러기 위해서는 시장 군수가 바뀌면 새롭게 공무원 사회도 바뀔 수 있도록 광역단위별로 협력체를 만들고 공무원들의 교류는 물론 사업 협력에도 틀을 만들 필요가 있다. 수시로 활기 넘치는 TF팀을 만들어 의견을 조율하고 교환하는 것이 절실한 시기인 것 같다.

그래서 이번 6.13 지방선거에 관심이 많다. 새롭게 시장 군수, 시군의원, 시도의원에 선출되실 분들에게 기대가 크다. 정말 벼

랑 끝에 서 있는 지방 소도시에 새롭게 대안을 제시할 젊고 건강한 인재들이 많이 당선되었으면 하는 바람이다. 그래서 실망스럽지 않은 공천을 기대하고 있는지도 모르겠다.

28. 대학까지 의무의료,
　　무상교육 시행하면 출산은 늘어난다.

최근 정부가 발표한 자료 중에 누구나 주목하게 되는 것이 하나 있다. 바로 출산율의 급격한 하락 현상이다. 2018년 2월 말 통계청 발표에 따르면 2017년 태어난 아이 수가 35만8,000명이다. 한 해 출생아 수가 2002년 처음 40만 명대선이 무너진 뒤 15년 만에 심리적 저지선으로 여겨지던 30만 명대로 다시 추락한 것이다.

생각보다 가파르게 무너지고 있는 출산율 저하는 심각한 상황에 도달했다. 지금의 수치라면 합계출산율은 경제협력개발기구(OECD) 중 꼴찌가 된다. 정부는 지난 2월 28일 이 같은 내용의 '2017년 인구동향조사-출생 결과'와 '2017년 12월 인구동향'을 발표했다.

작년 출생아 수는 35만7,700명으로 1년 전보다 11.9%(4만8,500명) 감소했다. 이는 1970년 통계 작성 이래 최소치다. 두 자릿수 감소율을 보인 것은 IMF 여파가 미쳤던 2002년(-11.3%) 이후 15년 만이다.

수명 연장 등으로 전체 인구는 늘고 있지만, 출산율 감소는 가까운 미래에 다시 급격하게 인구가 줄 수 있다는 것을 보여주는 현상이다. 2016년에는 40만6,200명으로 겨우 심리적 저지선인 40만 명대에 턱걸이 했지만, 비혼주의 확산과 결혼해도 아이를 늦게 낳는 경향이 짙어지면서 15년 만에 30만 명대로 무너졌다.

합계출산율이 1.10명을 밑돈 것은 2005년(1.08명) 이후 12년 만이다. 다른 나라는 어떠한가? 지난 2015년 기준으로 경제협력개발기구(OECD) 평균 합계출산율은 1.68명이다. 아쉽게도 초저출산국으로 분류되는 1.3명 미만 국가는 한국과 폴란드, 포르투갈이다.

2003년 1.3명 이하 초저출산국은 일본, 그리스, 체코 등 10개국이었으나 지금은 3개국 밖에 없다. 사실 폴란드와 포르투갈의 출산율은 1.2명 이상은 된다. 우리가 OECD 회원국 중 최저라고 보면 된다. 2017년 태어난 아이 중 첫째는 18만7,400명으로 1년 전보다 2만5,500명(-12.0%) 감소했다.

둘째 아이는 13만4,600명, 셋째 아이 이상은 3만4,700명으로 각각 1만8,100명(-11.9%), 4,900명(-12.4%) 줄었다. 첫째 아이와 둘째 아이의 구성비는 각각 52.5%, 37.7%로 1년 전과 동일했다. 그러나 셋째아 이상의 구성비는 9.7%로 0.1%포인트 줄었다.

다둥이를 둔 가족 역시 줄어들고 있다는 뜻이다. 여아 100명당 남아 수를 의미하는 출생성비는 106.2명으로 1년 전보다 1.2명 증가했다. 첫째 아이와 둘째 아이의 경우 각각 2.1명, 0.9명 늘어난 반면 셋째 아이 이상은 0.9명 감소했다. 이 증감 폭은 모두 정상범위(103~107명) 수준으로 출산 순위에 따른 성비 차이는 없다는 것이다.

합계출산율이 2.1명 수준이 돼야 인구가 유지될 수 있는데, 출산율 하락은 한세대가 지나가는 30년 후면 인구감소로 나타나기 시작한다. 그렇다면 인구 증가를 위한 대책은 무엇이 있을까? 기존 시군은 '언 발에 오줌 누기' 식으로 출산장려금이나 출산수당을 확대하는 방법을 쓰고 있을 뿐이다.

영주시의 경우에도 올해는 영유아 보육료 지원 68억 원, 가정양육수당지원 24억 원, 아동수당 급여지원 24억 원, 출산장려금 13억 원, 분만 산부인과 운영 5억 원을 책정하여 집행하고 있다. 그렇지만 좀처럼 출산율은 늘지 않고 있다. 그럼 그 이유와 진정한 대책은 무엇일까?

세계적으로 청년의 미래가 가장 밝은 국가 중에 하나가 바로 독일이다. 독일의 젊은이들은 세상살이에 크게 걱정이 없다. 같은 유럽이지만 이태리의 청년들은 높은 대학 등록금에 취업난으로 다들 죽은 얼굴을 하고 다닌다. 틈만 나면 해외취업을 고민하고 실재로 다들 도망가기 바쁘다. 하지만 독일청년들은 나름 희망을 가지고 살고 있다.

이유는 무엇일까? 임신과 동시에 각종 임신지원금과 병원진료를 지원하고 아이가 태어나면 즉시 탄생 축하금을 지급한다. 이후 아동수당, 청년수당까지 취업 초년까지 매월 지급된다. 여기에 대학까지 무상교육에 의료비도 공짜로 지원된다. 대중교통 요금도 물론 공짜다. 돈이 더 필요한 경우에는 약간의 알바만 하면 충분히 생활이 가능하고, 만30세까지는 별로 어려움 없이 공부하고 취업하는 것이 가능하다.

아파도 걱정 없다. 물론 취업하고 나서 안정이 되면 엄청난 세금으로 고생하지만, 곧 진정된다. 노후에 대한 대책도 정부가 왕창 걷은 세금으로 지원해 주는 관계로 세금만 잘 내면 걱정할 일이 없다. 따라서 흙 수저나 금 수저에 상관없이 만30세까지는 걱정 없이 공부하고 자신의 미래를 그려나갈 수 있다.

결혼하고 태어나는 아이도 국가가 전부 책임져주는 관계로 고민할 필요가 없게 되는 것이다. 우리도 지난 정부부터 '전국민 월급제' 시행이나 '청년수당 지급' '기본소득'등이 본격적으로 확산되면서 일부 시행되고 있다. 바로 최소한의 불안요인도 없애지 않으면 결혼하거나 결혼 이후에도 출산을 고려하지 않기 때문이다. 그래서 이런 정책이 등장하는 것이다.

프랑스에서 불법체류자들에게도 신고만 하면 불법체류수당을 지불하는 것처럼 최소한의 사회안전망을 더욱 확대될 필요가 있다. 현재의 결혼 및 출산율의 저하는 바로 사회안전망 확대를 통하여 해결이 가능하다. 우선 3포, 5포세대로 대변되는 청년들에게 사랑할 수 있는 시간도 돈도 주지 못하는 기성세대는 큰 반성이 필요하다.

우선 고교 졸업까지 의료 및 교육의 의무화를 통한 의료 안정과 균등교육 기회 제공, 이후 대학교육의 정부 기업 책임론 확산을 통하여 필요한 사람은 누구나 대학에 진학하여 공짜로 공부할 수 있는 기회의 제공도 고려 반영되어야 한다.

물론 대학 교육은 누구나 원하는 경우에는 언제든지 대학에 갈 수 있도록 만드는 것이 중요하며, 당연히 공부하지 않고는 쉽게 졸업할 수 없는 제도를 만드는 것도 필요하다. 그리고 반드시 대학졸업자나 고졸자의 임금격차를 줄이는 것 또한 선결되어야할 사회문제일 것이다.

조만간 만 30세 정도까지 의료와 교육 무상화가 시대적인 과제가 될 것이다. 여기에 교통비의 무상화는 물론 결혼까지 정부정책으로 지원하는 방안이 필요하다. 주택 정책도 결혼하면 최소한 원룸 정도는 무상으로 4~5년간 연한을 두고 제공하는 방안도 필요하다.

이외에도 수백 가지 방안이 있겠지만 당장 시급한 과제는 교육과 의료의 무상균등지원이 최상의 방안이라고 생각한다. 과거 정권에서 4대강 사업으로 5년간 22조원을 사용했다. 자원외교라는 거짓(?)정책에도 수십조 원을 사용했다. 그런데 대학까지 무상의료와 무상교육에 연간 7~8조원 정도면 충분하다고 한다.

그렇다면 세금 누수만 없다면 당장이라고 시행할 수 있는 사업이 아닐까? 서울시립대학교 반값등록금에는 연간 180억 원의 서울시 예산이 쓰이고 있을 뿐이다. 2017년 정부가 걷은 초과분 세금은 20조원이 넘는다. 결정권자의 의지가 중요하며, 정치인들의 결단이 필요한 시기다.

029 소득 불평등 해소와 대학 무상교육은 다른 문제이다.

29. 소득 불평등 해소와 대학 무상교육이 미래대안이다.

보수적인 인사들이나 부자들이 들으면 깜짝 놀랄 말이기는 하지만, 현재 한국사회의 다양한 문제를 해결하는 방안으로 우선 급한 과제는 '비정규직을 포함한 고용문제'와 사회전반적인 핵심과제인 '소득 불평등 해소'가 시급하다.

다음은 소위 흙 수저, 금 수저에 따라 달라지는 교육환경의 균등 균질화다. 돈이 있어 과외하고 더 나은 환경에서 공부하는 것을 반대하는 것은 아니다. 최소한 돈이 없어 공부를 포기하는 일은 없어야 한다는 말이다.

따라서 장기적으로 대학까지 무상교육 하는 것은 시대적인 과제임에 틀림없다. 유럽 여러 나라들이 돈이 많아 무상교육을 시작한 것은 아니다. 영국, 프랑스, 독일 등은 GNP 5,000달러 수준에서 보수정권이 무상교육과 의무의료를 시작했다.

2018년부터 우리 정부가 시행하여 다자녀 가정에 기쁨을 주고 있는 정책이 하나 있다. 자녀가 3명 이상인 가정의 모든 대학생 자녀가 '다자녀 장학금'을 받는다. 그동안 다자녀 장학금은 셋째부터 혜택을 받아 저출산 대책으로 효과가 낮다는 지적을 받아왔다.

여기에 다자녀 장학금의 지원 상한 연령은 25세(1993년생)에서 30세(1988년생)로 상향 조정했다. 교육부는 국가장학금 혜택을 확대하는 내용을 담은 '2018년 국가장학금 운영 기본계획'을 지난 2월 6일 발표했다. 2018년 국가장학금 예산은 3조6,845억 원으로 2017년보다 499억 원 늘었다.

예를 들어 중위소득 120%(2017년 4인 가구 기준 월소득 542만 원) 이하인 다자녀 가정에서 3명이 대학을 다닌다면 지난해 첫째와 둘째는 다자녀 장학금이 아닌 일반 장학금 형태로 각각 연간 168만 원을 받았다. 셋째만 다자녀 장학금으로 450만 원을 받을 수 있었다.

2018년부터는 3명이 모두 연간 450만 원씩 지원받는다. 중위소득 200%(2017년 4인 가구 기준 월소득 904만 원) 이하인 가구는 모든 대학생 자녀가 연간 450만 원 지원의 혜택을 받지만 중위소득 200% 초과인 다자녀 가정에는 지원하지 않는다.

일반국가장학금에서는 교육부가 등록금을 절반 이상 지원하는 구간을 크게 늘렸다. 중위소득 110~130% 가구의 학생은 지난해 연간168만 원을 받았지만 올해는 368만 원을 받게 된다. 이에 따라 사립대 평균 등록금의 절반 이상을 지원받는 대상이 지난해 약 52만 명에서 올해 60만 명 수준으로 늘어날 것으로 전망된다.

국가장학금을 받으려면 2월 12일~3월 8일 한국장학재단 홈페이지를 통해 신청하면 된다. 2018년부터 새롭게 혜택을 받는 다자녀 가정 자녀를 비롯해 C학점 이상 기초 차상위 가정, 장애 대학생 등도 신청을 해야 지원을 받을 수 있다.

현재 3자녀부터 다양한 혜택이 돌아가는 것을 시급하게 원하는 모든 학생에 대해 무상교육으로 제도를 전환할 필요가 있다. 최소한 실력이 있지만 돈이 없어 공부를 포기하는 사태는 막아야 한다. 은행 대출 등으로 공부할 수도 있지만, 평생 학자금 대출의 빚을 안고 살아가는 경우라면 쉽지 않은 결정이다.

따라서 원하면 누구나 대학까지 무상으로 공부할 수 있는 제도를 국가가 만들어야 한다. 정치인이 앞장 서야하는 일이다. 다음은 출산율 저하에 따른 학자금 지원정책과 함께 우리사회가 공동으로 고민해야 할 문제는 크게 보면 두어 가지 더 있다.

하나는 자영업의 몰락 방지방안이며, 다른 하나는 아직도 확산일로에 있는 비정규문제를 포함한 소득 불평등 심화를 막아내는 일이다. 우리나라 소득 상위 10%가 전체 소득의 절반을 차지하며 소득 불평등 상황이 세계 최악 수준인 것으로 나타났다.

지난 2018년 3월초에 발표된 한국노동연구원의 '2016년까지의 소득분배 지표' 보고서에 따르면 2014년 기준으로 상위 10%의 소득비중은 48.7%였다. 보고서에서 언급한 소득이란 임금 보너스스톡옵션 등의 노동소득을 비롯해 이자와 배당 등의 금융소득, 사업소득 등을 모두 더한 것이다.

이는 같은 해 미국(48.3%)과 일본(42%), 영국(40%) 등 해외 주요국을 모두 웃도는 수준이다. 프랑스(32.6%)와 스웨덴(30.6%) 등 유럽 주요 국가들은 30% 내외 수준을 보였다. 한국의 상위 10% 소득 비중은 2003년(36.3%)까지 30%대였지만 2004년 40.71%를 기록한 이후 지속적으로 상승했다.

2016년에는 49.19%로 더 높아졌다. 한국노동연구원의 홍민기 연구위원은 "현 시점이 정점에 이른 것으로 보이지만 50%를 돌파할 가능성도 있다"고 설명했다. 1%의 소득집중도 또한 심각했지만 10%보다는 덜한 편이었다.

2016년 기준 상위 1%의 소득집중도는 14.4%였다. 2010년(12.8%)보다 1.6%포인트 상승한 수준이다. 2010년대 들어 상위 1%의 소득비중이 세계 최고 수준인 미국의 경우 21.2%를 기록했고 영국 12.8%, 일본 10.5%, 프랑스 8.6%, 스웨덴 8.8% 등이었다.

과거에 소득이란 임금 등 노동소득을 의미하는 경우가 일반적이었지만 최근 경제 발전이 계속되며 고소득자일수록 사업 금융 소득의 비중이 갈수록 커지고 있다. 이로 인해 노동소득만으로는 전반적인 소득격차를 설명하기 힘들어졌다.

보고서에 따르면 임금 상위 1% 집단이 총임금에서 차지하는 비중은 2010년 7.8%에서 2016년 8.2%로 0.4%포인트 증가하는 데 그쳤다. 반면 사업소득 상위 1% 집단이 총 사업소득에서 차지하는 비중은 같은 기간 20.0%에서 25.4%로 5.4%포인트 상승했다.

또 금융소득 0.1% 집단이 전체에서 차지하는 비중은 18.6%에서 26.4%로 늘었다. 결국 임금과 같은 전통적인 소득 차이보다는 사업소득이나 불로소득을 통한 격차가 더 벌어지고 있다는 말이다. 가장 큰 문제는 저소득 가구, 즉 소득 불평등 상황이다.

홍 연구위원은 "하위 50%의 소득 비중은 중국보다도 낮아 세계적으로 볼 때에도 상황이 심각하다"고 강조했다. 이는 소득 분배의 불평등 정도를 나타내는 대표적인 지표인 지니계수를 통해서도 확인된다.

통계청에 따르면 시장소득을 기준으로 한 지니계수는 2015년 0.396에서 2016년 0.402로 악화했다. 0~1로 표시되는 지니계수는 1에 가까울수록 불평등 정도가 심하다는 뜻이다. 유엔은 '사회 불안을 초래할 수 있는 수준'의 기준을 0.4로 제시하고 있다.

보고서에 따르면 2016년 기준으로 상위 10%의 소득 경계값은 연소득 5,047만원이었다. 상위 5%의 기준은 연소득 7,276만원, 1%는 1억2,971만원이었다. 젊은이들이 한국사회를 '헬조선(지옥(Hell)과 조선(朝鮮)을 합성한 신조어로 말 그대로 '지옥 같은 대한민국')'이라고 칭하는 이유는 바로 노동소득보다 금융자본소득이 지속적으로 증가하고 있기 때문이다.

이런 사태는 기본적으로 기회균등을 보장하지 못하기 때문이다. 유럽의 경우 통상 최고경영진과 신입사원의 월급 격차가 5배~10배를 넘지 않는 것이 일반적이다. 반면 신자유주의를 표방한 '사용자가 기업하기 좋은 나라'인 미국의 경우 수천 배를 능가하고 있다. 문제는 한국이 바로 이런 미국의 신자유주의를 신봉하는 국가라는 것이다.

젊은이들이 보기에는 '자본가가 기업하기 좋은 나라'보다는 '노동자가 일하기 좋은 나라'를 택하게 되어 있다. 따라서 헬조선을 떠나고 싶어 하는 것이다. 현재 소득격차의 기본적 문제의 시작은 IMF 이후 급속하게 도입된 신자유주의의 물결 때문이다. 당시 김대중 정부가 IMF의 권고안을 받아들여 비정규직을 사회전반에 확산시켰다.

하지만 현재 IMF는 한국에서 비정규직 확산을 반성하며, 2~3년 전부터 한국경제의 재도약을 위해서는 비정규직 문제 해결과 철폐를 권고하고 있는 상황이다. 따라서 한국사회 전반의 경제문제를 해결하기 위해는 우선 비정규직 문제의 해결과 철폐는 물론 기업 임금의 최저, 최상의 가이드라인 설정을 통한 소득 불평등 해소와 자본 금융소득에 대한 중과세가 필요한 시기다.

실재로 한국은 자본 금융소득에 대한 세금이 경제협력개발기구(OECD) 평균치 이하다. 이런 자본 금융소득에 대한 중과세와 법인세의 현실화만으로도 대학교육의 무상화는 충분히 가능하다. 미래에 노동하는 인력이 부족하여 고민하고 있다면, 출산율 상승을 위해 대학까지 무상교육과 의무의료는 시대적인 과제가 되었다. 재원 마련은 자본금융소득 중과세와 법인세 현실화만으로도 가능하고 넘친다.

여기에 노동력 인구증대를 위해 결혼이민자들의 모국 가족에 대한 이민 허용, 외국인 유학생 연간 10만 명 이상 대거 유치와 무상교육 지원 및 일자리 알선과 취업비자 발급, 재러 중 재외동포 4~5대 후손까지 귀국 지원 등을 지속적으로 하면서 남북통일을 주도적으로 이루어내는 것이 대책일 것 같다.

지방이 살아야 대한민국이 산다

30. 무섬마을 주민들에게도 수익이 더 돌아가야
    삶이 신난다.

지난 2013년 8월 문화재청이 '중요민속문화재 제278호'로 지정한 무섬마을은 소백산 내성천 부석사 소수서원 희방사 금성대군신단 죽령옛길 소백산 자락길 등과 함께 영주시를 대표하는 관광지 중에 하나다. 정말 조용하고 운치 있는 마을이라 연중 사람들이 많이 찾고 있는 곳이다.

나는 특히 봄가을에 이곳에 방문하면 기분이 좋다. 영주댐 건설로 모래 유입이 많이 줄어 이제는 초라하기는 하다. 하지만 나름 멋진 금모래 밭을 거닐기도 하고, 외나무다리를 아슬아슬하게 건너는 맛도 있다. 만죽재고택 무송헌종택 해우당고택 등을 둘러보는 달콤한 맛도 있는 것 같다.

하지만 현재 무섬에서는 '무섬 정월대보름 달집태우기 행사'와 '무섬외나무다리축제'가 열리고 있을 뿐, 지역민이 참여하여 관광수입이 발생하는 행사는 없다고 할 수 있다. 다시 말해 관광객이 늘어나고 있지만, 정작 주민들은 동네 분위기가 어수선해지면서 관광객에 의한 사생활 침해를 호소할 뿐 별로 반기지 않고 있다.

마을 전반에 대한 관광과 개발 사업이 그동안 주민이 아닌 외부인의 시선으로 이뤄지기 때문이다. 또한 행사 자체도 엄밀한 의미에서 보자면 마을 주민들이 공동으로 하는 내부행사지, 외부인을 위한 행사는 아니라고 할 수 있다.

그럼 현재 60세 이상의 어르신들이 대부분인 무섬마을에서 주민 모두가 만족할 수 있는 관광 사업으로 수익을 내는 방법은 무엇일까? 당장 보이는 것은 식당과 민박찻집을 통한 영업이익이다. 하지만 몇몇을 제외하고는 이를 주도적으로 할 수 있는 청년들이 없다.

어르신들이 대부분인 곳에서 청년들을 동원하여 식당이나 민박을 하기는 현실적으로 어려운 상황이다. 그렇다면 사회적 기업으로 지역의 관광지를 상당부분 관리할 수 있게 하면 어떨까?

사회적 기업이 식당도 경영하고, 민박도 관리하면서 지역에 주차장 같은 것도 유지 관리하는 일을 한다. 여기에 수시로 무섬마을에서 다양한 이벤트와 행사를 하면 어떨까 하는 고민이다. 현재 무섬마을에 어르신들이 할 수 있는 일은 많지 않다.

그렇다면 우선은 영주시는 물론 문화재청과 상의하여 주도적으로 일할 수 있는 그룹을 만들어내는 것이 시급하다. 지역에 청년들이 남고 일하기 위해서는 이런 사회적 기업을 만들어 내고 유지하는 것이 중요한 일이다. 그래야만 지역에 젊은이들이 살 수 있고 또 남아서 큰일을 한다.

그래야 영주도 장기적으로 역사문화가 있는 관광도시로 살아남을 수 있다. 우선 문화재청도 계획하고 있는 무섬마을 앞쪽 다리는 내일이라도 없앤다. 그리고 그곳에 새로운 외나무다리를 하나 더 만든다.

그리고 건너편에 대형주차장을 만들어 일반 관광객들은 이곳에 주차하고서 외나무다리를 건너서 마을로 들어올 수 있도록 한다. 약간 위험하다면 다리를 조금 넓고 크게 만들면 될 것이다. 주차장은 주차비를 받는다.

그 수익은 비용을 정산한 다음 분기별로 마을주민들에게 나누어 지급하면 모두에게 수익이 돌아간다. 그리고 기존 마을 뒤편에 있는 다리 인근에 새롭게 대형주차장을 조성한다. 이곳에서도 똑같은 방식으로 주차비를 받고 수익은 정산하면 된다.

인력이 부족한 상황이지만 사람이 특히 지역 어르신들이 주차장을 관리하면 된다. 어르신들이 일도 하고 돈도 벌 수 있도록 순번을 정하여 순환근무를 하면 더욱 바람직하다. 근무자에게 일당을 드리면 그것으로 수익이 발생하는 것이다.

인력이 부족하여 주차장 관리가 불가능한 상황이라면 요즘 유행하는 신용카드 요금 정산기를 설치하면 된다. 그리고 마을 안까지 차를 가지고 들어오는 경우는 민박집에 숙박하거나, 지역 주민들로만 제한하는 것이 바람직하다.

안동 하회마을처럼 가능하면 마을 안쪽은 차량 진입을 금지하는 것이 가장 이상적인 방법이다. 그리고 마을 안에 있는 양옥집 2~3채는 조속하게 한옥으로 교체할 수 있도록 시와 문화재청이 지원하는 방법이 급하다.

전통한옥마을에 양옥이 버티고 있는 것은 아무래도 꺼림칙하다. 당장 지원금을 주어서라고 새롭게 한옥으로 만들어야 한다. 그리고 마을 안에서는 각종 전통 체험행사를 구상하는 것이 좋을 것 같다. 이 체험행사는 유료로 하는 것이 바람직하다.

체험비 수익도 마찬가지로 비용을 제외하고는 주민들과 분기별로 정산하는 방법이 적당할 것이다. 그리고 1년에 2~3번 열리는 마을행사에 주민들이 주도적으로 참여하지만, 원하는 관광객도 참여를 유도하는 방법이 있다. 적당한 참가비를 지불하고 외부인이 참여하는 것이 보람도 있고, 흥도 날 것이기 때문이다.

이러한 수익도 정산하여 배분하면 주민 모두에게 조금이라도 소득이 증가할 수 있는 것이다. 예전 무섬마을은 마을규약을 통하여 일체를 상업행위를 거부했었다. 하지만 지금은 관광객들이 몰리고 있고 식당과 민박 찻집도 영업하고 있다.

따라서 약간의 상업행위를 통하여 마을의 수익을 늘리는 것도 필요하다고 본다. 우선은 사회적 기업을 만드는 것과 마을 공동으로 주차장을 마을 뒤편과 강 건너에 만들어 내는 것과 앞의 콘크리트 다리를 없애고 새롭게 나무다리를 만들어 사람이 드나들 수 있도록 하는 것이 중요하다.

그리고 마을 내부에 있는 양옥도 없애고 한옥을 새롭게 신축하는 것도 급선무다. 그리고 예전 일제 강점기에 만들어졌던 마을학당인 '아도서숙(亞島書塾)'을 복원하는 일과 '무섬마을한옥수련관'도 무섬마을 주민들과 사회적 기업이 공동으로 운영하는 방안이 절실히 필요한 시기인 것 같다. 이런 곳에 다시 서당을 만들거나 선비정신교육을 하는 것도 바람직한 방법일 것이다.

문화재청이 마을에 대한 전반적인 기획관리를 하고 있다고 하여

영주시와 주민이 손을 놓고 있을 문제는 아니라고 본다. 지역민의 행복과 수익 증대를 위해 공무원은 물론 정치인과 주민 모두가 더 많은 지혜를 모으고 행동해야 마을이 살 수 있다고 본다.

31. 지역신문을 자주 읽고 분석하면서 고향을 읽는 방법

고향 영주에서 가끔 친구나 선후배들로부터 전화를 받는다. 1년에 겨우 5~6번 영주에 내려오면서 어떻게 그렇게 구체적으로 고향 소식을 알며, 다양한 주제의 칼럼을 쓸 수 있는지 궁금하다는 내용이 대부분이다. 다음으로는 이런 저런 내용을 더 담으면 괜찮을 것 같다는 추가적인 제안이 몇 건 있다.

나름 의미가 있는 대안도 있다. 하지만 대부분 정말 부분적이고 지엽적인 내용이라 글로 쓰기에는 별로 의미가 없어 참고만 한다. 어느 지역에 도로 포장을 해 달라는 제안이나, 정치인 누가 금품을 수수했다는 내용은 형사고발이나 재판 없이는 글로 쓸 수 없어 안타까울 뿐이며 내가 관여할 수 없는 영역이라 답답하기도 하다.

아무튼 자주가지도 않으면서 영주의 다양한 현안을 구체적으로 아는 것은 우선은 지역 주요 인사들과 상시적으로 통화하기 때문이다. 문제가 되면 시청 공무원을 비롯하여 정치인이나 기업인들과 필요한 사항을 구체적으로 전화로 확인하는 습관이 있다.

다음은 매일 30분 정도는 꾸준히 10년 넘게 지역신문을 정독하여 읽는 것이 주요한 자료원이다. 어린 시절부터 뉴스읽기를 강조하신 엄친(嚴親)의 습관 따라 배우기와 중학교 때부터 신문사설을 정독하는 버릇이 오랫동안 지속되고 있기 때문이다. 지금도 하루에 한두 시간은 반드시 신문을 읽는 편이다. 특히 영주봉화예천관련 기사는 더 열심히 숙지하는 편이다.

그리고 지속적인 독서와 사색인 것 같다. 노안과 바쁘다는 핑계로 요즘은 독서량이 많이 줄기는 했다. 그래도 한 달에 20권 내외의 책을 속독으로 읽고, 시간이 되면 독서노트를 정리하는 편이다. 언제나 정보가 될 만한 것은 따로 메모해 두는 편이라 수시로 다시 확인하며 인용한다.

마지막으로는 뉴스를 그냥 보지 않는다. M방송사 뉴스는 기자도 많고 앵커도 대단하지만 시청률이 형편없다. 읽어만 주기 때문이다. 하지만 J방송은 기자도 훌륭하지만 앵커가 뉴스를 정확히 분석하여 읽고 설명해주어 화제가 되고 있다. 나는 오랜 경험상 뉴스를 빨리 분석하여 정확히 읽고는 다시 글로 정리할 뿐이다.

며칠 전에도 영주에 다녀오는 길에 이번 6월 지방선거에 출마준비 중인 정치인 및 예비 정치인을 4~5명 만났다. 대부분 "지역공약으로 뭐가 좋은지"를 물어보는 경우가 많았다. 수시로 생각하고는 있지만, 갑자기 답을 주기는 곤란하여 웃고 말았다. 그래도 나름 생각은 늘 정리하면서 살고 있다.

우선 내가 태어나고 자란 고향 안정면의 경우에는 대룡산에 '효마루'라고 하는 한옥시설이 있고, 인근에 만포농산 무량수 된장 간장공장이 있다. 우선 효마루 같은 곳은 경주화랑교육원처럼 작게라도 선비 청백리 교육을 하는 곳으로 활성화했으면 하는 마음이다. 그리고 조경이 좋은 만포농산은 지역민은 물론 관광객을 대상으로 보다 많은 된장 간장 체험을 했으면 하는 바람이다.

그리고 넓은 안정 뜰은 이제는 경쟁력이 많은 줄어든 쌀농사보다는 화초를 많이 재배하여 태백 해바라기축제장처럼 봄~가을꽃이 있는 넓은 꽃밭을 조성하여 사람들을 즐겁게 해주는 것도 필요할 것 같다는 생각을 많이 한다.

영주시는 쌀 공급 과잉 문제를 선제적 대응하고 식량자급률을 제고하기 위해 추진하는 '논 타작물 재배지원 사업' 신청기간을 오는 4월 20일까지 연장했다. 논 타작물 재배지원 사업은 논에 벼 대신 타작물을 1천㎡이상 재배하는 경우 작물별로 1ha당 평균 340만원의 소득을 지원해 주는 사업으로 쌀소득보전직접지불금 수령 농지의 경우 1ha당 평균 440만원을 지원하고 사업대상도 확대했다. 이 사업에 화훼(花卉)작물도 적용하면 되는 것이다.

당초 사업대상 농지가 2017년 변동직접지불금 수령 농지로 한정되었으나 2017년 벼 재배사실 확인 농지를 사업대상에 포함시켰다. 이 경우 2017년 벼 재배보험가입 증명이나 미곡처리장 등과의 계약재배 확인서류 등 실 경작 여부를 신청자 스스로 증명해야 한다.

또한 2017년 자발적 논 타작물 전환농지(50% 지원)는 신규 필지 1천㎡를 추가해 사업을 신청하는 경우에만 사업 신청이 가능했으나 2017년도 자발적 논 타작물 전환 면적 전체를 2018년 논 타작물 재배 지원 사업으로 신청하면서 신청인 소유의 신규면적이 없는 경우 신규면적을 추가하지 않아도 신청이 가능하다.

이외에도 공급과잉으로 인해 전환 작물 대상에서 제외했던 인삼을 다시 전환 작물 대상품목에 포함시켜 현재 무, 배추, 고추, 대파만 제외 작물로 변경됨에 따라 인삼으로 전환할 시에도 ha당 340만원을 지원 받을 수 있게 됐다. 작물별 지원 단가는 ha당 사료작물 400만원, 일반작물 및 풋거름작물 340만원, 두류작물 280만원 차등 지원된다. 신청은 농지소재지 읍·면·동 사무소에 방문해 신청하면 된다.

그리고 오계지역은 폐교된 초등학교 주변에 연극단 상설 연습장 및 숙박시설을 마련하여 활용하는 것도 적당할 것 같다. 영주순흥풍기 등에서 공연하는 것으로 하고 극단 사무실 및 연습과 숙박은 안정에서 하면 어떨까 하는 고민이다.

그리고 영주사과가 유명한 봉현면 부석면 지역에는 이제라도 늦지 않았으니 영주사과를 병에 담는 유리병주스공장을 유치했으면 하는 마음이다. 그동안 주로 파우치포장으로 만들고 판매하는 소규모 사업장이 많았는데, 이제는 유리병에 담아서 팔면 더 멋질 것 같다. 풍기에 있는 소백산수 '로진'의 경우에도 세계적인 추세인 유리병 생수에 한번 도전해보면 도약할 것 같다는 생각이 많이 든다.

그리고 풍기인삼으로 유명한 풍기의 경우에는 이제는 인삼 산양삼을 가공하여 의약품이나 건강기능식품으로 만들어 파는 2~3차 가공 유통공장이 더 많이 생겼으면 하는 마음이다. 특히 세계적으로 수출과 유통마케팅을 위해서는 제약회사와 손잡고 약으로 만드는 것이 더 필요한 시기인 것 같다.

기존 수삼 홍삼 산양삼을 사포닌의 최종 대사물질인 '컴파운드케이(Compound-K)'로 제조 가공 유통하는 공장은 당장이라도 유치해야 할 과제라고 본다. 풍기농협이나 풍기인삼농협이 사업 확대를 통하여 주도해도 괜찮을 것 같다.

그리고 봉현면 단산면 부석면의 경우에는 소백산 산나물이나 내성천 변의 한약재를 가공하는 공장이나 기업을 유치하는 것도 의미가 있을 것으로 보인다. 하수오, 생강, 도라지, 마 등등 지역에서 생산가공이 가능한 한약재는 넘쳐나는 것으로 알고 있다.

아울러 부석면에도 한국최고를 자랑하는 부석태를 가공하는 된장 간장 공장을 만들어 경관 농업을 통하여 활발한 도농교류가 이루어질 수 있도록 만드는 것이 의미 있을 것 같다. 단산면에서는 한국 최초의 기독교 수덕자인 홍유한 선생의 집터에 '공소(公所, 작은 성당)'를 천주교와 논의하여 건립하는 것도 필요할 것 같다. 이것이 완성되면 영주는 화엄종찰 부석사, 유교의 본향 소수서원, 자생적 기독교의 시작인 단산면 홍유한 생가를 통하여 3대 종교의 시원지로 의미가 더욱 확고해 지는 것이다.

인근에 있는 백산서원의 경우에도 서병극 선생의 유족과 상의하여 영주시가 직접 관리할 수 있도록 하는 것이 좋을 것 같다. 우선 시설을 개보수하여 다양한 형태의 교육원으로 활용하는 방안이 있을 것이다. 현재는 너무 방치된 느낌이 나는 곳으로 방문할 때마다 안타까운 생각이 많이 든다.

순흥면에는 배점저수지가 바라보이고 국망봉이 바로 보이는 배점학교 부근에 50실 규모의 작은 호텔이 하나 들어왔으면 하는 마음이다. 영주에는 정말 숙박시설이 부족하다. 호텔이 아니면 유스호스텔이라도 하나 만들어 학생들의 숙박이나 수학여행 유치가 가능하도록 하는 것이 필요한 것 같다.

이산면에서는 우선 영주댐 건립으로 이전이 시급한 이산서원의 조속한 이건과 함께 괴헌고택과 덕산고택의 이건도 중요한 문제일 것 같다. 문수면은 아무래도 무섬마을을 문화재청과 상의하여 새롭게 관광중심지로 만들어 주민 수익을 증대하는 것이 필요하다.

평은면은 영주농협이 건립한 '약용작물 산지유통센터'를 중심으로 국내 최상등급 품질을 자랑하는 내성천과 소백산의 약재를 유통관리하는 일에 매진하는 것이 의미 있을 것이다. 아울러 110년이 넘는 역사를 자랑하는 지역 최고(最古)의 내매교회 내부에 교회설립자인 강재원 장로를 비롯하여 순교자 강문구 목사, 한글학자 강병주 목사, 선비였던 강석진 목사, 계명대 설립이사였던 강인구 목사, 예장 통합총회장을 지낸 강신명 목사, 기장 총회장을 지낸 강신정 목사, 삼성전자 회장을 지낸 강진구 장로 등의 기념관을 만드는 문제도 구상이 필요한 시점이다.

또한 왕유리 마애보살입상도 기독교계와 불교계의 입장을 정리하여 보존방향을 정해야할 것 같다. 이어 영주댐에 대한 관리와 연구 및 지원을 담당하는 부서가 평은면에 상주하는 방안도 필요할 것이다. 댐을 없애든 기타 관광지 등으로 개발하든, 수상 구조대원도 필요할 것이고, 기타 주변을 유지 개발하는 방안도 고민이 많을 것이다.

장수면은 경우에는 장말손 종가(張末孫 宗家)지원 문제와 새롭게 베트남 관련으로 주목받고 있는 조선말에 건축된 장수면 성곡리에 있는 화산 이씨 종택인 이당고택에 대한 활용도 고민을 해봐야 할 일이다. 응우옌 부 뚜 주한베트남 대사 일행이 지난 1월 봉화군 봉성면의 충효당과 함께 장수면의 이당고택을 방문한 다음, 봉화군이 즉각적으로 베트남타운 조성 프로젝트를 발표한 만큼 영주로 동참하는 것이 순리인 것 같아 보인다.

또한 10년 가까운 시간 동안 영주에서 주목받고 있는 2개의 고구마빵 공장에 대한 지원 홍보 판매 유통 등도 의미 있는 사업일 것 같다. 정말 지역 현안이 많은 곳이다. 시내는 순차적으로 해결하는 것으로 하고, 면 단위는 급한 것부터 차근차근 해결해 나가면서 농촌과 농민이 살 수 있는 지속적으로 안정적인 터전을 만들어 가는 것이 필요한 시기인 것 같다.

32. 영주 판타시온리조트 해결책은 있다

현재 영주시에서 가장 시급하게 해결해야할 과제는 완공직전에 부도가 나서 흉물이 된 '판타시온리조트'에 대한 난제를 푸는 일일 것이다. 지역의 시장 정치인 공무원 모두가 이 문제 해결을 위해 노력한다고 말하고 다니지만 누구하나 속 시원하게 대안을 제시하는 사람도 없는 것이 마음 아픈 현실이다.

우선 7~8년 이상 방치된 콘도와 워터파크를 포함한 초대형 리조트가 다시 살아날 수 있도록 적극적으로 활용하는 문제가 시급할 것 같다. 먼저 리조트를 시행 시공한 당사자인 이앤씨건설의 박찬성 사장은 "현재로서는 은행권 투자나 다른 건설 분야 대기업 투자를 기다리고 있는 상황이다"며 "지금 진행 준비 중인 경매에도 참여할까 고심하고 있다"라고 했다.

"아무튼 현재로써는 별로 진전되고 있는 것이 없다"라고 밝혔다. 현 상황에서는 미완성된 리조트를 국내외 리조트 전문 기업에 인도하는 문제는 사실 쉽지 않은 일로 보인다. 경상북도 영주시라고 하는 수도권에서 멀리 떨어진 입지조건도 문제지만, 불경기에 현실적으로 영주에 거액을 투자할 기업이 별로 없기에 오랫동안 방치된 측면이 강해 보인다.

지난 수년간 몇 군데 대기업과 논의가 되었지만, 쉽게 결론이 나지 않는 것은 이런 이유 때문일 것이다. 우선 문제 해결을 위해 이해 당사자와 상의하는 것이 급하다. 먼저 박찬성 사장과 의중을 구체적으로 논의해 보는 것이 중요할 것이다.

그리고 몇 가지를 중심에 두고 조율해 보는 것이 필요할 것 같다. 그래서 우선 고민하고 있는 것은 경북도청 도지사 도의회와 논의하여 '경상북도 공무원 연수원'으로 만드는 방안이 현실적으로 가장 빠른 해결책이 아닌가 생각해 본다. 경상북도의 일을 중앙정부에 부탁하는 것도 쉽지 않을 것이다.

경북도 차원에서 해결방안을 강구하자면, 당장은 이런 방법이 최대의 대책일 수 있다고 본다. 경북도와 여러 지자체와 연계하여 도청공무원은 물론 시군청 공무원, 교육공무원, 시도의원, 시군의원, 정부투자기관까지 모두 사용이 가능한 연수원 및 교육원으로 전환하는 것이다.

물론 비수기에 한해서다. 성수기에는 시민을 대상으로 영업하는 것도 수익 창출 문제로 보면 바람직하다고 본다. 현실적으로 영업이 가능한지는 법적인 문제를 고려해볼 필요가 있을 것이다. 영업이 가능하다면 정부기관인 관계로 가격은 합리적으로 정하면 될 것이다.

물론 경북도와 상의하기 전에 중앙정부와 논의가 되면 더 좋은 해결방법이 나올 수도 있을 것이다. 정부의 중앙공무원 연수원이나 휴양소로 사용할 수 있으면 더 멋진 방안이 될 수 있을 것이다. 하지만 현실성은 더 낮다고 할 수 있다.

당장이라도 도청과 업무 조율이 되면, 예산준비는 도청은 물론 시군청과 교육청 등과도 상의하여 공동으로 마련하면 될 것이다. 따로 공무원 연수원이 없는 경북도 차원에서도 적극적으로 고민이 가능한 문제다. 리조트에 대한 방치가 단순히 영주시만의 문제로 끝나지 않기 때문이다.

1,000억 원 이상 투자한 리조트를 7~8년 이상 흉물로 두고 보는 것은 경북도 차원에서도 수치스러운 일이기 때문이다. 따라서 도청과 지근거리에 있는 영주시에 도청 공무원 연수원을 만드는 것은 시대적인 과제이기도 할 것이다.

우선 산세와 공기 좋은 소백산 아래에 있고 도청과 가깝고 천혜의 자연조건과 함께 부석사, 소수서원 등 문화유산을 가진 영주에 우선 경북도 공무원 연수원을 유치한다는 차원으로 판타시온리조트를 방향 전환했으면 하는 마음이다.

신임 도지사님의 결단이 있으면 당장이라도 가능한 사업이라고 생각한다. 현재 선거 운동 중인 여러 도지사 예비후보들에게 미리 공약으로 제안하면 좋을 것이다. 다음 대안은 대기업보다는 중견기업연합회 등과 제휴하여 국내 유망 중견기업 4~5개와 결합한 공동연수원으로 목표 전환을 고민해 본다.

지난 1988년 전국에 채식 엔돌핀 열풍을 일으킨 이상구 박사가 강원도 홍천군 산골마을에 터를 잡은 '힐리언스 선마을'은 사실 이박사의 병원이나 개인 자산으로 투자 설립한 것이 아니다.

이박사의 제안에 따라 연수원이 필요하지만 매출이나 인원수 등 규모가 작고 조금은 부담스러워 고민만 하고 있는 여러 중견기업들이 공동으로 힘을 모아 출자하여 설립한 것이다. 중견기업들은 기업이 필요로 하는 작은 연수원을 가지게 되었고, 이박사는 자신이 꿈꾸어 오던 힐링마을을 만들게 된 것이다.

운영원칙은 기본적으로 성수기에는 개인손님을 받아 수익을 창출하고, 비수기에는 공동출자 기업들의 연수원으로 기업별 임직원별로 순번을 정하여 사용하는 방식이다. 다행스럽게도 현재 중견기업연합회에는 영주출신의 반원익 상근부회장이 근무하고 있어 어느 정도 사전 조율과 협상이 가능할 것으로 보인다.

아직 연수원이 없는 알찬 중견기업 4~5개와 조율이 이루어지면 충분히 공동 명의로 새롭게 중견기업연합회와 함께하는 중견기업공동연수원으로 탈바꿈이 가능할 것이다. 성수기에 충분한 수익을 창출한다면 투자대비 적절한 수익보장으로 몇 개의 내실 있는 중견기업 역시도 투자가 가능한 부분이라고 할 수 있다.

영주시민 모두가 리조트의 홍보대사가 되어 마케팅과 영업을 도와주고, 지역주민에게 할인 등등의 혜택을 주면 충분히 손익분기점을 넘을 수 있는 알찬 사업으로 보인다. 물론 연수원이 없는 대기업공기업과도 지속적인 접촉으로 대화의 문을 열어두는 것도 중요할 것이다. 청소년들을 위한 숙소인 유스호스텔로의 전환도 고민을 해봐야 할 것이다.

다음 대안은 판타시온리조트 앞에는 영주시 소유의 땅이 18만평에 민간부지가 30만평 정도 있다. 이곳을 대규모 사회체육시설로 만들어 역으로 판타시온리조트를 활성화시키는 방안이다. 경북도 영주시의 재정투자와 민간투자를 일부 받으면 가능한 사업으로 보인다.

사회체육시설에 사람이 몰리면 자연스럽게 리조트에 손님이 몰려오기 때문이다. 예전 선비는 원래 공부만 하는 사람은 아니었다. 문사철(文史哲)을 공부하는 선비는 감성을 높이기 위해 시서화(詩書畵)에도 능해야 했지만 무예를 포함한 운동도 잘해야 했다.

국내 최초의 사립대학인 소수서원을 품고 있는 영주는 지덕체(智德體)를 모든 갖춘 선비의 고장으로 확고하게 자리 잡을 필요가 있는 곳이다. 따라서 정부가 주도하는 엘리트 체육의 산실인 국가대표를 지원양성하는 태릉·진천선수촌과 어깨를 나란히 할 수 있는 대규모 사회체육단지를 만들어 내는 것이 필요한 때이다.

영주라면 명분도 되고, 현실적으로 해낼 수 있는 역량이 있어 보인다. 현재 사회체육인들은 자신들의 경기를 지속적이고 안정적으로 할 수 있는 공간이 생각보다 많지 않다. 특히 야구장이나 축구장은 늘 경기장 부족으로 애를 먹는다.

그래서 전국을 순회하면서 자신들만의 리그를 유지하고 있다. 따라서 영주시는 놀이터만을 제공하는 것으로 성공할 수 있다. 약 50만평의 대지 위에 야구장 10개, 축구장 10개, 배구장, 농구장, 풋살, 수영장, 아이스빙폭, 스케이트장, 게이트볼, 놀이공원 등등과 영주에 없는 골프장까지 건설하면 가능성은 확 열린다고 본다.

이런 계획이 성공적으로 완공되면 사회체육인들은 영주의 경기장에 와서 연습 운동하고, 가족들이나 지인들은 동행하여 리조트에서 숙박하면서 놀이 휴식 취미 관광을 즐길 수 있다. 이로써 영주는 진정으로 지덕체를 모두 갖춘 선비의 고장, 사회체육의 중심도시로 거듭날 수 있는 것이다. 또한 터가 마련되면 사회체육인 중심의 전국단위 체육대회도 지속적으로 유치 개최할 수 있을 것이다.

21세기에는 돈 많은 사람보다는 건강하고 정신이 바른 사람이 존경받는 시대가 될 것으로 보인다. 영주가 그 길을 리드(lead)할 수 있는 조건이 반쯤은 충족되어 있다고 본다. 결정은 정치인들의 사심 없는 결단으로 반 정도는 성공이 가능한 일이라고 보여 진다.

* 판타시온리조트 개발에 관한 내용은
　상당부분 박성만 경북도의원 인터뷰 자료에서 참조

33. 단순히 인구비례로 의원을 선출하는 방식은 문제가 많다.

사람들은 아직도 직접선거를 통한 다수결 비밀투표를 민주주의의 가장 합리적이고 정당한 절차라도 생각하는 경우가 많은 것 같다. 그런데 곰곰이 생각을 해 보면 직접 다수결 비밀투표를 실시하지 않는 국가에도 민주주의는 꽃을 피우고 있다.

예전 신라는 '화백(和白, 신라시대에 나라의 중요한 정책을 결정하던, 귀족의 대표기관)제도'를 통하여 모든 것을 만장일치로 합의하여 통과하는 방안을 운용했었다. "국가의 중요사안을 만장일치로 통과시킨다. 이것이 가능해"라고 물어오는 사람이 많다.

요즘과 같은 직접 민주주의 방식인 전 국민이 선거를 통해서는 거의 불가능한 방식이다. 절대로 100%찬성이 나온다는 것이 비현실적이기 때문이다. 예전 북에서 자주 그런 결과가 나오기는 했다.

하지만 북 역시도 민주주의를 표방하고 있지만, 독재국가이기 때문에 가능한 측면이다. 사실 만장일치는 소수의 대의제 간접 민주주의 제도에서는 어느 정도 가능한 이야기다. 실제로 아랍의 여러 나라들은 지금도 국가의 중요정책을 여러 부족들의 연합기관인 국무회의나 국가주요정책회의에서 100%만장일치제도로 운영하고 있다.

만장일치가 어렵다고 하지만, 끝없이 상호양보 조율하고 타협하면 충분히 가능한 제도다. 이번에는 A가 B에게 왕창 양보하고 A의 안에 동의하면 되고, 다음에는 B의 안에 A가 양보하고 동의하면 되는 것이다. 물론 상호간에 필요한 만큼의 떡과 떡고물은 오가게 된다. 따라서 오랫동안 정책적인 조율이 필요하다.

떡이나 떡고물을 필요한 만큼 나누어주지 않으면 절대로 100% 동의가 나올 수 없기 때문이다. 그래서 오랜 시간 대화가 필요하고, 서로의 입장에서 양보와 타협을 통하여 한번은 주고, 다음 한번은 받으면서 이해와 손해를 분산하는 것이다.

그래야만 소수도 절대로 소외되지 않는 정치가 되는 것이다. 사실 민주공화(共和)제도에서 현실은 민주만이 강조되고 있지, 공화는 우리들 머릿속에는 형상조차 보이지 않고 있다. 바로 '소수에 대한 배려를 통한 공동의 평화와 행복이 공화'다.

그것도 민주주의의 큰 틀 중에 하나이다. 공화제를 다시 이해하고 공부할 필요가 있다. 흔히 민주주의라고 알고 있는 다수결의 원칙에서는 51%만 확보하면 나머지 49%는 철저하게 소외되는 것이 현실이다.

49%에게는 선거제도가 민주주의가 아니라, 독재와 별다른 차이가 없는 형식이 되는 것이다. 따라서 나머지 49%를 위한 공화제는 반드시 필요한 것이다. 또한 노력만 하면 현재도 작은 시군구의회의 경우에는 끊임없이 대화하고 타협하면 당이 달라도 100%찬성하는 방법까지 조율이 가능하다.

시간이 걸려도 대화와 타협을 통한 노력을 오랫동안 더하면 되는 것이다. 어떻게 보면 우리의 국회의원, 시도의원, 시군의원 선거구도 비민주적인 것은 마찬가지다. 현재의 인구비례에 따른 선거구 획정은 인구가 적은 농어촌지역은 절대적으로 불리하다.

경상도 강원도 전라도 등에서는 3~4개 시군을 통합한 국회의원 선거구가 있는 반면, 서울은 반나절이면 지역을 전부 걸어 다닐 수 있을 정도로 면적은 적고 인구는 넘치는 선거구도 있다. 특히 지방의 경우에는 3~4개 시군을 포괄하는 관계로 국회의원이 지역구의 마을이름도 정확히 알지 못하는 경우가 부지기수다.

따라서 사람을 알고 그들을 시도의원, 시군의원으로 공천하는 것도 생각보다 어려운 일이다. 지역을 알기도 어려운데 사람을 아는 것은 10배 이상 힘든 일이기 때문이다. 현재 문경예천영주 지역구의 최교일 국회의원이 애를 먹고 있는 이유는 여기에도 이유가 있는 것이다.

수시로 지역 현안을 공부하고 듣고 해결하면서, 요즘 같은 선거철에는 3명의 시장군수를 공천해야하고, 도의원과 시군의원 수십 명을 공천해야 하는 부담이 있는 것이다. 따라서 사람의 능력이나 자질보다는 충성도나 당기여도 및 인지도 등으로 선택하게 되는 경우가 발생하는 것이다.

선거구 및 제도에 관한 논의는 정말 쉽게 정답을 찾을 수 없지만, 국가 100년 대계를 고민하는 측면으로 수년을 준비하여서라도 논의하고 고민하고 토론하여 바로 잡을 필요가 있다. 특히 지방의 시군의원은 소수당의 이해를 대변하기 위해서는 3~4인 선거구를 늘릴 필요는 있다.

하지만 단순히 인구비례로 선거구를 조정하는 현재의 방식에는 문제가 있다. 사람이 많은 읍 지역은 의원을 많이 배출하고, 인구가 적은 면 단위는 의원을 배출하지 못하는 경우가 자주 발생하기 때문이다.

따라서 이런 사태가 발생한다. 지난 3월 14일 경북도의회는 6월 지방선거를 위한 경북지역 시군의원 선거구와 의원정수가 최종 확정했다. 선거구는 4년 전과 비교해 3곳이 늘어난 105곳, 의원 수는 284명(지역구 247명, 비례대표 37명)으로 같다.

그러나 4인 선거구의 경우 4년 전과 같은 1곳이지만 3인 선거구는 4년 전보다 6곳이 줄어든 35곳, 2인 선거구는 9곳이 늘어나 69곳이 됐다. 이에 따라 지역 소수 정당의 기초의회 진입 문이 좁아질 것으로 예상된다.

경북도의회는 14일 본회의를 열고 '경북도 시군의회 의원 선거구와 선거구별 의원 정수 일부개정조례안'을 통과시켰다. 이에 앞서 도의회 행정보건복지위원회는 이날 경북도가 시군의원 선거구 획정위원회 의결을 바탕으로 제출한 시군의회 의원 선거구와 의원 정수 개정안을 심사한 후 수정안을 의결했다.

행복위 수정안은 본회의에서 원안 가결된 것이다. 확정된 조례에 따르면 3인 선거구가 2인으로 축소되거나, 혹은 분리돼 2인 선거구로 늘어난 곳은 포항·경주·안동, 영주(가나), 고령 등이다. 영주2동은 다 선거구에서 나 선거구로 조정됐다.

시군의원 1인당 평균인구 편차 허용범위(60%)를 벗어났다고 판단됐기 때문이다. 한편 이날 선거구 획정위안을 토대로 한 개정안이 행복위에서 3인 선거구 축소와 2인 선거구 확대로 수정 의결되자 더불어민주당 경북도당은 강하게 반발했다.

당원들은 오전 11시 본회의 시작 전부터 본회의장 주변에서 '번

번이 획정위를 무시하는 자유한국당 도의원은 각성하라' '다양성을 거부하는 자유한국당 도의원은 각성하라'는 등의 구호가 적힌 피켓 시위를 하며 수정안 의결을 성토했다.

특히 더불어민주당 소속 배영애 도의원은 본회의 시작 전부터 의장석을 점거해 의사봉을 감추고, 다른 도의원들을 향해 불편한 말을 쏟아내는 등 본회의 통과를 적극 저지하기도 했다.

같은 당 김위한 도의원은 질의 및 반대토론에서 "획정위에서 3인으로 한 시군의원 선거구를 2인으로 돌리고 늘리면 의회 내에서 주민들의 다양한 목소리를 들을 수 없다"며 행복위 수정안을 비판했다.

이처럼 지나치게 2인 선거구가 많으면, 보수색이 강한 경북의 경우에는 자유한국당 후보만이 대거 당선되는 결과를 초래한다. 더불어민주당을 포함하여 정의당 바른미래당 민주평화당, 무소속 후보들은 당선을 기대하기 어려운 상황이 된다.

그렇다고 2인 선거구를 3~4인 선거구로 바꾸는 것 역시도 쉽지만은 않은 일이다. 단순히 더불어민주당을 포함하여 정의당 바른미래당 민주평화당, 무소속 후보들의 당선을 위해서 선거구를 조정하는 것에는 상당히 무리가 있어 보인다.

바로 지역이 가지는 사회 역사 문화적인 특성과 인구가 적은 면 단위에 대한 고려가 없기 때문이다. 현재의 국회의원 지역구인 문경 예천 영주처럼 인구가 많은 영주시 출신을 제외한 문경 예천 지역출신은 국회의원으로 출마하여 당선되는 것이 어려운 상황이 자연스럽게 발생하는 것이다.

영주시의원도 마찬가지 결과가 나오는 것이다. 인구가 적은 면에서는 시의원 하나 없는 지역이 생겨나고 있는 것이다. 따라서 현재의 선거구제도 역시도 변화가 필요한 것이 사실이다. 단순히 인구비율로 선거구를 획정하여 나누는 것을 지양하면 된다.

국회의원은 시군구별로 1인, 기존의 인구비례로 여러 명, 시도의원 역시도 시군별로 1인, 인구비례로 인원을 추가하면 될 것이다. 시군의원 역시도 읍면동을 기준으로 1인씩, 인구비례로 다수를 추가하는 방법 등이 필요하다고 본다.

이외에 별도로 전문성을 반영하여 비례대표를 선출하면 될 것이다. 이에 따라 의원 숫자가 늘어날 수 있지만, 정치를 제대로 감시하는 장치만 있다면 숫자가 늘어나는 것에는 크게 문제가 없을 수도 있다.

의원수를 늘리는 일에 반대하거나 걱정하는 사람들이 많을 줄 안다. 하지만 정말 실력 있고 내실 있는 사람은 세상에 너무 많다. 믿을 만한 사람에게 표를 주고 그들이 당선될 수 있도록 돕는 것은 국민의 임무이다.

최선보다는 차악을 선택하는 것도 현실적인 사명이기도 하다. 꼭 잘 뽑고 끝없이 감시하고 관리하면 된다. 정치인이 95%거짓말 하는 것을 90%거짓말로 바꾸게 하는 힘은 시민들에게 있다.

34. 영주실내수영장 강습회원 600명 모집, 민간위탁경영 꼼수(?)

최근 고향 영주의 모 정치인이 지방선거 출마선언을 하면서 너무 멋진 말을 했다. "고령화 시대를 대비해 강력한 복지정책과 어린이 여성 장애인 어르신 사회적 약자가 편하고 행복한 삶을 영위할 수 있는 복지영주를 만들기 위해 노력하겠다"는 내용이었다.

지난 2018년 2월말 영주에 국제규모의 '영주실내수영장'이 개장했다. 1년 4개월여의 공사 끝에 1월말 준공된 수영장이 2월 26일 시민 200여명이 참석한 가운데 개장식을 갖고 본격적인 운영에 들어갔다.

이날 개장식은 식전행사 지신밟기를 시작으로 소백풍물단의 축하공연, 수영선수 최윤희 팬 미팅 및 사인회, 축사, 경과보고, 테이프 커팅, 시설투어, 최윤희 어린이 수영교실 순으로 진행됐다.

영주시민운동장 내에 위치한 수영장은 총공사비 156억 원이 투입된 지하1층, 지상2층, 건축면적 3043㎡, 연면적 5799㎡ 규모의 복합체육시설이다. 주요 시설로는 수영장(25m×8레인, 유아풀장), 헬스장, 다목적체육관, GX룸, 스피닝룸 등이 있다.

시가 직영하는 수영장은 평일은 오전 6시부터 저녁 9시까지, 토요일과 공휴일은 강습 없이 오전 6시부터 오후 6시까지 운영된다. 평일 강습반은 아침반, 오전반, 오후반, 청소년반, 저녁반으로 되어 각 시간대별로 초중상급반으로 나눠 프로그램을 진행한다.

1일 이용료는 성인 3천500원, 학생은 2천500원, 월 이용료는 성인의 경우 강습 6만5천원, 자유수영 5만 5천원이고 청소년의 경우 강습 5만 2천원, 자유수영 4만 2천원이다. 수건, 세면도구, 수영복 등 개인용품은 제공되지 않는다.

시는 3월 3일까지 6일간 무료 시범운영을 통해 시민들에게 수영장 이용기회를 제공하고 각종 시설에 대한 최종 점검을 통한 기술운영상 문제점을 보완해 3월 5일부터 정식 운영하고 있다.

2월 21일부터 24일까지 수영강습 회원 접수를 받아 27일부터 3월 2일까지 회원 등록기간을 가졌다. 강습회원 600명 모집에 1천여 명 이상이 몰려 주민들의 관심이 뜨거웠다. 2월 23일에는 수영장 직원들을 대상으로 친절마인드 제고와 민원 응대능력 향상을 위해 시민응대 친절교육을 실시했다.

시 관계자는 "강사 채용 및 설비시설 점검, 안전 운영관리 교육 등을 마쳤다"며 "시민들이 애용하는 체육시설로 정착될 수 있도록 운영에 최선을 다하겠다"고 했다. 모 정치인의 출마선언과 함께 수영장 이야기를 하는 것은 '공공재(public goods, 公共財)'라고 하는 것에 대한 성격규정을 다시 확인하기 위해서다.

공공재는 모든 사람들이 공동으로 이용할 수 있는 재화 또는 서비스를 말하는 것이다. 따라서 재화와 서비스에 대하여 대가를 치르지 않더라도 소비 혜택에서 배제할 수 없는 성격을 가진다. 국방·경찰·소방·공원·도로 등과 같은 재화 또는 서비스를 말한다.

시장에서 거래되는 재화나 서비스를 이용하려면 그에 상응하는 대가를 지불해야 한다. 반면 공공재는 시장의 가격 원리가 적용될 수 없고 그 대가를 지불하지 않고도 재화나 서비스를 이용할 수 있는 비배제성의 속성을 가지고 있다.

또한 일반적인 재화나 서비스는 사람들이 이것을 소비하면 다른 사람이 소비할 기회를 줄여 사람들 사이의 경합관계에 놓이게 된다. 하지만 공공재는 사람들이 소비를 위해 서로 경합할 필요가 없는 비경쟁성의 속성도 가지고 있다.

이러한 공공재에 대립되는 것은 '사유재(私有財, 민간재)'다. 사유재는 일반적으로 시장 기구를 통하여 공급되지만 공공재에는 보통 시장가격은 존재하지 않으며 수익자부담의 원칙도 적용되지 않는다. 따라서 일반적으로 '공공재 규모 내용 운용은 정치기구가 결정'한다.

공공재에 관한 가장 중요한 과제는 정치기구를 통하여 적정한 공공재의 크기 내용 운용방법 등을 어떻게 정할 것인가 하는 기준을 정하는 일이다. 만일 사람들이 그 공공재에 대하여 인정하는 중요성에 상응하는 조세를 부담하는데 반대하지 않는다면 공공재의 크기는 이것을 적정수준으로 하여 결정할 수 있다.

다시 말하자면 정부 예산이 156억 원이나 투자된 수영장은 공공재이며, 이에 대한 규정과 운영방법 등은 정치가 정한다는 말이다. 다시 말해 공공재인 수영장에 관한 운영방식은 영주시의회와 영주시가 함께 정한다는 말이다.

그런데 재미나게도 수영장은 '강습회원 600명 모집'을 선착순으로 단 하루 만에 마감하여 선발하고 말했다. "무슨 말이냐" "2월 21일~24일 나흘간 수영강습 회원 접수를 받았고, 선착순 접수된 600명을 대상으로 27일~3월 2일 나흘 동안 회원 등록기간 마감을 했다"고 할 수도 있다.

하지만 부지런하고 손이 빠르고 머리가 좋아 정보 취득이 능한 사람들만 가능하다는 선착순 접수인 관계로 정확하게 보면 하루만에 접수가 마감된 것이다. 이후 600명을 대상으로 나흘 동안 회원 등록을 최종 마감한 것이다. "그것이 왜 문제냐"라고 물어온다면 "큰 문제다"라고 할 수 있다.

수영장은 공공재이기 때문이다. 따라서 공공재로서 시민 모두를 위해 사용되는 것이 마땅하기 때문이다. 흔히 선착순이 가장 민주적인 것처럼 말하지만 전혀 그렇지 않다. 가장 일반적인 사람들에게만 선착순은 보편타당한 진리일 뿐이다.

앞에서 말한 것처럼 "고령화 시대를 대비해 강력한 복지정책과 어린이 여성 장애인 어르신 사회적 약자가 편하고 행복한 삶을 영위할 수 있는 복지영주"차원에서 보자면 전혀 약자와 소수자에 대한 배려가 없는 모집 방법이다.

개인이 운영하는 실내수영장이라면 그 정도의 규모면 대략 강습회원 3,000명 정도를 모집하고 비용도 조금 더 비싸다. 여기에 선착순으로 모집을 해도 당당하다. 하지만 공공재인 수영장의 경우라면 조금은 상황이 다르다.

최소한 공공재라고 한다면 600명 모집에 200명은 선착순, 200명은 추첨으로 하고, 나머지 200명 정도는 소수자약자에 대한 배려가 필요하다. 그런데 이런 원칙도 없다는 것은 바로 영주시의회의 낮은 수준을 보여주는 사례라고 할 수 있다.

영주시의회는 그런 원칙도 없다는 말인가? 수영장이 과연 연간 얼마 정도의 적자가 발생할지를 모른다는 말인가? 156억 원의 은행이자와 직원 인건비 및 유지관리비만 더해도 대략의 비용이 나온다. 수강생 숫자와 수강료만 합산하면 전체 수익이 대략은 나온다.

그런데 이런 것도 제대로 계산해 보지 않은 듯하다. 영주시 복수의 시의원들은 "대략 산정된 적자 금액만 보고 받았다. 올해 수영장 운영에 26억 원 예산을 집행하는 가운데 적자 금액은 4억 5천만 원 정도라고 예상하고 있다"라고만 대답하고 있다. 영주시 영주시의회는 역할을 방기한 것이다. 지금이라도 적자 폭을 계산하고, 그렇다고 흑자를 상정하라는 말은 아니다.

2~3개월 운영한 다음, 바로 적자를 최소한으로 줄일 수 있도록

적정 인원수를 늘리고 요금도 합리적으로 인상하는 방안을 강구할 필요가 있다. 아무리 공공재라고 해도 이익은 발생하지는 않더라도, 적자도 나지 않아야 한다. 이것이 '수지균형(收支均衡)의 원칙'이다.

그래야 공공재로 시민 모두가 장기적으로 편하게 사용할 수 있다. 마냥 아무 생각 없이 4~5년이 지나고 나면, 나중에 민간위탁경영이 대안으로 나올 것이고 결과적으로 민간위탁경영을 바라는 사람들에 의해 휘둘리는 상황이 발생하게 될 것이다.

현재의 과정은 민간위탁을 바라는 누군가에 의한 꼼수(?)가 확연하게 보이는 상태다. 제발 이제라도 고령자 어린이 여성 장애인 어르신 사회적 약자의 시선으로 시민을 바라보는 정치를 해주길 바라는 마음이다.

"현장에 답이 있고 아픈 곳이 중심"이 되지 못하면 정치할 자격이 없는 나쁜 정치인이 되고 만다. 또한 공무원의 사명은 예산을 잘(?)쓰는 자리가 아니라 '예산을 공정하게 집행하는 자리'라는 것을 잊지 말았으면 하는 마음이다.

35. 영주적십자병원 적자보전대책과 한도를 밝혀야 한다.

영주적십자병원은 장윤석 전 국회의원이 폐원된 대구적십자병원을 영주에 유치하도록 준비하여 지난 2011년 9월 국무회의에서 병원건립계획이 확정된 것이다. 당시 정부계획안에 따르면 2013년부터 사업비 450억 원을 들여 영주시 가흥동에 3만 4천358㎡에 건평 1만6천694㎡ 규모로 영주적십자병원을 건립하는 것이다.

영주적십자병원은 내과 외과 정형외과 신경과 소아과 안과 산부인과 이비인후과 마취통증의학과 영상의학과 등을 포함해 150병상을 갖춘 종합병원으로 건립한다. 사업비 중 부지매입비 45억여 원은 영주시가 부담해야 한다는 내용이다.

하지만 병원건립이 확정된 이후에도 영주시는 운영적자의 절반까지 부담하는 조건인 적십자병원유치에 논란이 있었다. 당시 영주시의회는 '영주적십자병원의 개원에서 폐원 때까지 운영에 따른 적자 발생시 영주시와 대한적십자사가 각 50%를 부담한다'는 내용의 재정부담 동의안을 의결했다.

영주시의회 행정복지위원회에서는 '공공의료서비스 확충'을 내

세운 찬성 측과 '열악한 지방재정 및 지역 병의원 경쟁력 약화'를 주장한 반대 측이 대립했으나 위원 7명 중 찬성 4명으로 통과했다.

이에 따라 영주시는 대한적십자사, 보건복지부와 영주적십자병원운영에 관한 계약을 체결했다. 대한적십자사 분석 자료에 따르면 영주적십자병원은 개원 1년차에 12억9,900만원, 2년차 9억1,300만원, 3년차 4억2,500만원 등 3년 동안 26억3,700만원의 적자를 기록한 후 손익분기점에 도달한다.

영주시는 이를 근거로 3년 동안 13억여 원만 부담하면 된다는 입장이다. 하지만 적십자사의 분석과 달리 적자 규모가 클 경우 영주시의 혈세 부담도 늘어날 전망이다. 당시 김인환 영주시의원은 "폐원 때까지 얼마가 될지 상한선도 없는 적자를 매년 감당한다는 것은 열악한 재정형편에 무리"라고 반박했다.

김 의원은 적자상한액과 지원연한을 규정해야 한다고 주장했다. 지역 의료계에서는 "당초 종합병원 유치를 기대했으나 152병상 규모의 중소병원을 유치, 주민들의 의료서비스 욕구를 충족하기 어렵고 기존 병원경영에도 타격이 예상된다"고 우려했다.

한편 국회의원과 단체장 공약사항 이행을 위해 불합리한 협약인데도 불구, 적십자병원 설립을 서둘렀다는 지적도 있다. 그러함에도 영주는 열악한 의료 환경개선을 위해 2014년 12월 영주적십자병원 공사 첫 삽을 뜬다.

병원은 영주시 가흥동 2만9000여㎡의 부지에 지상 5층, 지하 1층 규모로 2016년 상반기에 준공될 예정이다. 병원운영은 대한적십자사가 위탁하며 내과, 외과, 정형외과, 산부인과 등 18개 진료과가 개설되고 응급실, 분만실, 산후조리원도 들어선다.

2017년 봄에 문을 열기로 한 영주적십자병원은 건물이 완공되었음에도 불구하고, 개설준비금을 둘러싼 적십자사와 영주시 등이 갈등을 빚으면서 개원에 비상이 걸렸다. 병원을 운영할 적십자사가 종합병원 특성상 정식 개원이전 시험가동이 필요하다며 개설준비금을 요구한 때문이다.

보건복지부와 영주시가 개설준비금을 지원하지 않으면 병원 운영 자체를 포기할 수도 있다는 태세여서 귀추가 주목된다. 문제는 대한적십자사가 지난해 정부에 요구한 개설준비금 24억 8,000만 원이 올해 예산에 반영되지 않았고, 복지부나 영주시

가 이를 해결하지 못하면 운영 포기도 불사할 것으로 알려지면서부터다.

적십자사는 정식개원 이전에 6개월 간 개설준비추진단을 운영해야 하고, 종합병원 특성상 최소 3개월 이상 시험가동은 필수라는 입장이다. 하지만 정부는 BTL사업비 이외에 운영비 지원과 관련한 법적근거는 물론 선례도 없다는 이유로 거부했고, 영주시도 수탁 협약 주체가 보건복지부이고 협약상 근거가 없어 예산을 편성하는 게 불가능하다는 입장이다.

적십자사가 양보하거나 법률개정 등을 통한 예산지원이 따르지 않는 한 영주적십자병원 개원은 준공 후에도 상당기간 지연이 불가피해 보인다. 사정이 이렇게 되자 영주시는 별다른 대책을 마련하지 못한 채 속만 태우고 있다.

시 관계자는 "대한적십자사가 준비금을 주지 않으면 포기할 수도 있다는 의사를 간접적으로 전해왔지만 아직 정식 공문으로 접수되지 않아 별다른 대책을 마련하지 못하고 있다"고 설명했다. 대한적십자사가 운영을 포기하는 극단적 사태가 벌어질 경우 지방의료원이나 다른 대학병원에 운영을 위탁하는 등의 방안을 검토 중이지만, 이 역시 운영적자 보전 대책이 마련되지 않는 한 쉽지 않아 보인다.

모 영주시의원은 "개설준비금에 대한 뚜렷한 산출근거도 없이 개원을 목전에 두고 막대한 예산을 추가로 요구하는 것은 어불성설"이라며 "실제로 준비금이 필요하더라도 국비 지원만이 유일한 대안"이라고 지적했다. 당장 급하다고 영주시가 지원할 경우 향후 운영 과정에 불합리한 요구가 잇따를 수 있다는 이유에서다.

그런 가운데 지난 2017년 12월 20일 영주시는 영주 시민들의 오랜 숙원이었던 적십자병원이 응급의학과와 소아청소년과를 포함한 종합병원으로 내년 개원이 가시화되고 있다고 발표했다. 영주시와 보건복지부, 대한적십자사는 병원을 조속히 개원, 지역 응급의료기능을 수행하는 것이 최우선 과제임을 확인하고 사업에 속도를 내기로 했다.

시 관계자는 "영주적십자병원 건립은 낙후된 지자체 병원 설립의 첫 사례인 만큼 합의점을 찾는데 상당한 어려움과 시간이 소요됐다"며 "진료과목, 수탁기간, 수탁권한 등 필요한 부문에 대해 추가 합의에 도달했다"고 밝혔다.

이번 합의에 따라 대한적십자사는 개원추진단을 영주에 파견해 병원장 선임, 의료인력 채용, 의료장비 설치, 시험 진료 기간 등을 거쳐 내년 개원을 목표로 준비에 들어간다. 시는 적십자병원 개원으로 24시간 응급진료와 입원실을 갖춘 소아청소년과 운영으로 그동안 병원 진료를 받기 위해 먼 곳까지 가야했던 지역 주민들의 부담이 줄어들 것으로 기대한다.

보건복지부, 경북도, 영주시, 대한적십자사 등 4개 기관이 영주적십자병원 운영 업무협약(MOU)을 체결한 후 총사업비 538억 원(병원건립 452, 의료진숙소 38, MRI설치 20, 부지매입 28)을 들여 지하 1층, 지상5층, 152병실 규모의 종합병원으로 신축해 준공했다.

며칠 후 최교일 의원도 영주적십자병원 지원 예산 36.8억 원 확보했다고 발표했다. 그러나 지역 언론보도에 따르면 2017년 6월 준공된 영주적십자병원이 아직 개원 일정을 잡지 못하고 있는 데다 당초 발표한 개설 과목까지 축소하기로 해 지역민들의 불만이 커지고 있다는 기사가 등장한다.

초기운영비 확보와 진료과목 조정 등의 문제로 영주시와 갈등을 빚어온 대한적십자사는 개원을 당초 상반기에서 지난 9월로 한 차례 연기했다. 그러나 2017년 12월 현재 구체적인 개원시기를 내놓지 못하고 있어 개원은 여전히 불투명한 상태다.

그동안 적십자사는 병원개원에 필요한 개설준비금을 요구하며 개원을 미뤄왔다. 최근 7개 진료과에 100병상을 준비하고 있는 것으로 알려지고 있다.

대한적십자사 관계자는 "종합병원 수준인 7개과에 100병상을 준비 중이다. 종합병원 의무과목인 영상의학과와 마취통증과를 포함, 7개과를 개설할 계획이다. 개원은 준비기간이 최소 6개월 이상 걸린다. 인력 채용, 전산시스템구축, 시범운영 등의 문제로 당장 개원은 어렵다. 개원준비금은 적십자사가 은행차입을 통해 마련한 후 적자에 대한 부분은 영주시와 병원 운영적자 부담액 산정 시 정산하겠다"고 했다.

이에 대해 영주시 관계자는 "지난 15일 추가 협약을 통해 응급학과와 소아청소년과를 포함한 종합병원수준으로 개원하기로 협약했다. 부족한 진료과목은 추후에 늘려나가는 방안을 찾고 있다"고 해명했다.

왜, 이런 의혹과 개운하지 못함이 계속되는 것일까? 영주시는 대한적십자사와 보건복지부와의 합의를 제대로 공개하지 않고 있다. 영주시 관계자는 "아직 세부적인 합의가 마무리되지 않아 전체를 공개하는 것은 불가능하다"라고 말하고 있지만, 다른 시 관계자는 "원안과 별로 바뀐 것이 없고, 현재 공개된 것이 전부다"라고 말하고 있다.

한편 영주시의원 모 의원은 "현재로서는 무엇이라고 말하는 것조차 힘든 상황이다. 모든 결론이 난 상태이고, 이후 적자보전에 대한 대책으로 머리가 아픈 상태이다. 누구하나 책임지는 사람이 없으니, 정말 답답하고 걱정스럽고 미안할 뿐이다"라고 했다.

모 의원 말대로, 당시 병원유치와 건립을 주도했던 국회의원, 시장, 도의원은 전원 물갈이 되었다. 시의원 역시도 반 정도만 남아있는 상황이다. 책임지는 사람도 책임질 사람도 없다. 진실이 어디에 있는지도 정확히 모른다. 분명한 것은 적자부분에 대한 영주시의 보전대책과 금액과 한도도 명확하지 않다는 것이다.

이것들에 대한 논의와 대책 및 정보공개도 불분명하여 시민들을 답답하게 하고 있는 것이 현실일 뿐이다.

아무튼 이런 가운데 영주적십자병원 개원추진단은 지난 2018년 3월 12일 영주적십자병원 초대 병원장에 윤여승 연세대학교 정형외과학교실 교수를 내정했다. 영주적십자병원 개원추진단과 영주시보건소에 따르면 관절염 및 스포츠외상, 슬관절 클리닉, 인공관절 분야의 권위자로 통하는 윤 교수는 원주세브란스기독병원장을 역임했다고 밝혔다.

영주적십자병원 개원추진단은 영주적십자병원 초대 병원장이 내정됨에 따라 세부 진료과목을 확정하고 시험가동 및 모의진료, 시범진료 등을 거쳐 2018년 6월말 개원할 예정이다. 영주적십자병원은 공공의료기능 및 의료사각지대에 대한 의료안전망 기능을 수행하는 지역거점 공공병원이다.

영주시보건소 관계자는 "병원 개원 시 24시간 응급진료와 입원실을 갖춘 소아청소년과 운영 등이 가능해져 그동안 병원 진료를 받기 위해 먼 곳까지 가야했던 영주시민들의 불편이 해소될 것으로 기대된다"고 말했다. 그런데 아직은 찝찝한 것이 너무 많은 것은 무엇 때문일까?

36. 지역공생순환경제를 통하여 돈이 지역에서 지속적으로 잘 돌아야

현재 지방 소도시는 대부분 서서히 몰락의 길을 걷고 있다. 극단적인 통합이나 눈을 뒤집는 획기적인 정책이 나오지 않으면 살 길이 별로 없다. 경북 북부지역의 경우라면, 안동 영주 예천 봉화군의 광역통합과 통합시청을 가장 낙후된 청량산 북쪽에 둔다거나, 지역 고교까지 의무교육을 실시하면서 의무의료 급식까지 강제하지 않으면 점점 인구는 줄고 성장 동력도 사라지게 된다.

현금 지급 이후 추가적인 생존지원 대책이 별로 없는 '언 발에 오줌 누기'식 출산장려금이나 노인 장애인 복지정책 등으로 소도시가 쉽게 다시 성장하고 살아나지는 않는다. 이런 획기적인 고민 중에 하나가 바로 지역경제구조를 기존의 시장경제제도에서 조금은 이탈한 것 같은 '지역공생순환경제'로 만들어 내는 것일 것이다.

최소한 외부에서 돈이 유입되면 그 돈이 밖으로 쉽게 유출되지 않고 안에서 지속적으로 순환되면서 지역민들을 위해 쓰이도록 하는 것이 중요하다. 기존 경제구조와 화폐유통의 틀을 조금씩 전환하는 일과 은행거래 방식 등도 바꿀 필요가 있다. 여기에 지역화폐를 만들고 관리할 수 있는 지역공생순환경제지원재단이나 협동조합, 사회적 기업의 역할도 클 것이다.

그래야만 지방에 살고 있는 어린이 여성 노약자 청소년 취약계층 등도 소외되지 않고 마음 편하게 세상을 살아갈 수 있는 것이다. 경제학자 겸 사회철학자인 칼 폴라니(Karl Polanyi)는 '사회적 경제를 통해 시장경제가 이익 창출만을 추구하는 과정에서 많은 문제를 만들어냈지만 공존과 공생을 위한 전통적 경제의 지혜를 살려 지역 중심의 경제를 구현할 수 있다'고 했다.

요즘식으로 말하자면 지역공생순환경제를 주장했다고 할 수 있다. 사실 지방에 투자되는 수많은 재정과 민간기업의 투자금은 생각보다 빠른 시간 내에 다시 세금으로 중앙정부나 투자수익금으로 기업 본사로 회수된다. 우리가 흔히 지역에 대규모 리조트가 생기면 지역경제가 살아나고 지역민이 잘살 것 같지만, 전혀 그렇지 않다.

리조트를 방문하는 손님들이 쓰는 돈은 아쉽게도 리조트 내에서만 쓰이고는 다음 날 아침이면 서울에 있는 리조트 본사로 송금되고 만다. 고용이라는 것도 마찬가지다. 본사 직원이 지방으로 파견을 와 있기는 하지만, 상시적으로 지역에 눌러 앉지 않는 관계로 별로 인구 유입도 없다. 지역 인력을 고용하여 일을 한다고 해도 대부분 비정규직에 임시직인 청소나 경비인력이 대부분이고, 나머지는 계절별 일용직이다.

따라서 지역에는 저임금과 오폐수만 넘쳐날 따름이다. 대규모 관급 공사의 경우에도 사실은 마찬가지다. 서울에서 있는 대기업 중심의 건설사에 일이 배당되고, 지역은 하청공사를 주로 하는 작은 기업이 부분적으로 일에 참여할 뿐이다. 요즘은 주로 장비만을 많이 쓰지 대형공사라고 해도 인력 투입은 많지 않다. 그 인력이라는 것도 대부분 임시 혹은 비정규직 노동자에 지나지 않는다.

지역에 있는 돈도 마찬가지다. 돈은 대부분 지역에서 돌지 않고 바로 서울로 다시 올라간다. 오죽하면 100원을 풀면 2~3개월이면 80원이 다시 서울로 간다고 한다. 이래서 지역(공생)순환 경제가 필요한 것이다. 지역에 있는 대형마트를 이용하지 않고 작은 상점을 주로 이용하기, 식당 역시도 프렌차이즈 보다는 지역 전통 식당 이용하기. 제과점도 지역 빵집을 이용하기 등이 필요한 시대다.

그렇다고 이런 소비자 운동이 당장 실효를 거두기는 힘들다. 그래서 대안으로 준비한 것이 대형마트 유치거부운동이나, 대형 리조트 거부운동, 대토목공사 거부운동 등이다. 여기에 뜻있는 주민들을 중심으로 지역화폐를 사용하는 방법이다. 기존 은행과의 거래를 중단하고 협동조합이나 마을금고를 중심으로 지역화폐를 만들고 가맹점에는 인센티브를 주고, 소비자에게는 보너스를 주는 등 적극적인 소비자운동 방식이다.

신용카드를 사용하는 것도 거부하고 지역 화폐만을 사용하는 관계로 돈이 종국에서는 지역에서만 돌고 더 이상 외부 유출 없이 지역공생순환경제가 되는 것이다. 물론 말처럼 쉬운 일은 아니다. 안팎의 경쟁력도 문제지만, 이것을 지킬 수 있는 지역경제 규모도 과제다. 원칙적으로 이런 지역공생순환경제는 서로 간에 경쟁을 최대한 배제하고 이익공동체를 추구하는 것이다.

경쟁보다는 공생을 고민하고 공생과정을 통하여 사람을 중시하며 관계 개선을 통해 상호발전을 도모한다. 따라서 이익만을 추구하는 기업이 해결하지 않고 있는 과제를 고민하고 해결해야 한다.

이런 지역공생순환경제는 청년 실업문제와 중년의 고용불안 해소, 청년 취약계층 일자리 창출, 점점 심화되고 있는 빈부격차에 따른 계층세대 갈등해소, 고령사회에 대한 대책, 삶의 질 개선 등의 분야에서 지역사회를 바르고 건강하게 만들 수 있는 대안으로 자리 잡고 있다.

또한 우리가 안고 있는 다양한 경제적 문제들에 대한 새로운 대안을 창출하고 사회적 안전망을 보다 공고하게 하고 있다. 아울러 지역공생순환경제를 활성화하기 위해서 경제 주역들의 바르고 건강한 활동과 순환경제 생태계 조성을 위한 중앙 지방정부의 정책의지와 지원 등이 수반되어야 한다.

또한 순환경제개념에 대한 새로운 인식 확산 및 상호협력 실천력 구축, 의회의 조례 제정과 정부차원의 지역공생순환경제지원재단 설립을 통한 관리도 중요하다. 여기에 주민들의 마인드 함양을 위한 지속적이고 상시적인 교육과 각계의 전문가와 주민간의 네트워크를 통한 지원활동 등이 필요할 것이다.

아무튼 이런 여러 가지 활동을 통하여 지역주민들이 하나의 공동체로 묶일 수 있도록 하고, 이들 공동체를 중심으로 새로운 단위의 소규모 시장경제를 완성하여 네트워크를 하나로 묶고 규모를 키우는 일이 필요하다.

우선 지역화폐를 통하여 돈이 외부로 심하게 유출되는 것을 막고, 지역을 공생하는 순환경제로 만들어가야 할 것이다. 그 중심에 시민들이 있고, 주변으로 지방정부와 지방의회를 담당하는 정치인이 앞장서고, 협동조합과 소비자운동단체 및 지역공생순환경제지원재단 등이 굳건히 자리할 필요가 있다. 그래야 지방 소도시가 제대로 살 수 있는 날이 오는 것이다.

37. 꽃잎 넣고 인공 향 첨가, 맛은 과일로 내는 꽃차 개발

개인적으로 시대를 이끄는 바른 정치인은 낮은 곳을 바라보는 시선변화와 세상을 다른 각도에서 보는 시야 전환이 필요하다고 생각한다. 오늘 국화차를 한잔하면서 정치는 물론 세상을 바라보는 시간과 방향에 관한 이런 저런 생각이 들었다. 최근 지역마다 특산품으로 계절별로 생산되는 꽃을 이용한 꽃차를 많이 만들어 팔고 있다.

호기심이 많은 나는 각종 신상품 구경을 위해 한 달에 한두 번 서울에 있는 여러 전시장을 둘러보게 된다. 지방 어느 지역에서든 꽃차를 들고 나오는 것을 쉽게 발견할 수 있다. 나도 꽃차를 즐기는 편인데, 특히 가을에 나오는 봉화 '국화농원 국태'의 국화차를 좋아한다.

잘 말리고 덖은 국화차를 겨울과 봄에 한잔하면 피로도 풀리고 잠도 편안하게 잘 수 있어 애용하는 편이다. 그런데 재미나게도 지방에서 생산되는 여러 가지 꽃차를 수시로 구매하지만, 어느 것 하나 만족스러운 제품은 사실 별로 없다.

맛이 있으면 모양이 별로이고, 모양이 예쁘면 향이 아쉽다. 향이 좋으면 맛이 없는 경우도 있다. 3박자가 맞는 것을 찾기 힘든 이유는 아무래도 말리고 덖는 과정에서 꽃이 가지는 고유의 맛과 향이 변하기 때문일 것이다.

그래서 겨울과 봄에는 줄기차게 국화차만 마시게 되는 것 같다. 아무래도 맛도 향도 모양도 나름 잘 보존되는 상품이기 때문이다. 그런 아쉬움 속에서 우연히 찾게 된 꽃차가 있다. 장재영 사장이 경영하는 우리꽃연구소가 만드는 꽃차 상품들이다.

그는 영주에 약 8000평 규모의 꽃나무 농장을 경영하는 주인공이다. 물론 영주와 특별한 연고는 없다. 단지 영주의 토지가 저렴하여 이곳에 꽃나무 농장을 조성하게 된 것이다. 작년 유통업계 히트 음료 중 하나는 '벚꽃 스파클링'이었다.

편의점 GS25에서 한여름에 출시한 이 제품은 한 달 만에 80만여 개가 팔았다. 매출은 8억 원이었다. 흔히 여름 인기 상품인 콜라보다 매출이 더 많았다. 장재영 대표는 단순히 꽃을 말리거나 덖는 과정을 통하여 꽃차를 만들지는 않는다.

물론 기존에는 전통방식 그대로 꽃을 말리고 덖는 과정을 통하여 꽃차를 만들었다. 그러나 그는 꽃차의 맛과 향, 모양을 모두

잡기 위해 조금은 다른 방식을 택했다. 어쩌면 시간과 공을 들인 여러 과정을 통하여 배우고 체험한 것을 버리고 새로운 것에 도전하는 것은 쉬운 일이 아니다.

그런데 어려운 결단을 통하여 새롭게 꽃차 만드는 방식을 창출해냈다. 그는 꽃잎을 농축해 만든 꽃 농축액을 기반으로 시럽과 청, 잼 등을 조리해 '장미 한 잔'을 만들었다. 우유거품 속 장미는 진한 향긋함을 머금었다. 오미자 같은 신맛의 여운도 있다.

빨간색이라 딸기 맛이 날 것 같았지만 딸기 느낌은 아니다. 꽃 고유의 맛을 최대한 살렸지만, 기존의 꽃차와는 다른 방식으로 만들어진 것이다. 그는 전통꽃차를 만드는 명인에게서 오랫동안 꽃차를 배워 생산제조는 물론 유통판매 일을 함께 했었다.

하지만 계절적으로 수요와 매출 기복이 심한 것을 발견하고는 소비자들이 1년 내내 상시적으로 꽃차를 구매할 수 있도록 제품 다양화의 필요성을 느꼈다. 당장 꽃차의 종류를 늘리고 먹고 마시기 편하도록 티백 형태의 제품을 개발했다.

이런 과정 속에서 다른 기업들이 생산한 꽃차 제품을 먹어봤는데 실망스러웠다. 아쉽게도 시중에 유통되고 있는 많은 제품들은 꽃의 향과 맛이 사라진 평범한 제품들이다. 그래서 그는 극소량의 꽃을 넣고 인공적인 꽃향기를 첨가하거나 맛은 과일로 내고 색을 내는 데 꽃을 활용하는 방식을 택했다.

기존의 원칙에서는 벗어났지만, 소비자가 만족하는 맛과 향을 내기 위해서는 과감한 관습의 전환을 모색한 것이다. 그래서 4~5년의 연구개발 끝에 벌꿀 외에 다른 것이 전혀 들어가지 않은 벚꽃청, 장미청 등을 개발했고, 여기에 꽃식초, 꽃잼, 꽃천연화장품, 꽃양초 등을 출시했다.

그는 스스로 성공비결은 "단순 식품에도 영양만큼 감성이 중요한 시대다. 꽃 가공식품은 영양과 감성을 모두 잡을 수 있는 제품이다. 전 세계 카페에서 한국에서 자란 꽃으로 만든 꽃라테와 꽃에이드를 파는 날이 오면 좋겠다"라고 말하고 있다.

그의 사고와 행동 전환은 그동안의 꽃차가 꽃을 그냥 말리고 덖구는 과정에서 끝났다면, 새롭게 말린 꽃잎도 첨가하지만, 향이 필요하면 인공 향을 더 강한 맛이 필요하다면 과즙을 첨가하는 형식으로 바꾼 것이다.

남들 보다 조금은 다른 사고와 행동을 전환하여 성공을 거둔 것이다. "조그만 시선을 낮추고 방향을 전환하면 새롭게 세상이 보인다"는 말이 있다. 우리꽃연구소의 꽃차에 대한 새로운 생산제조가공 방식에서 보다 낮은 시선과 보이지 않았던 새로운 방향에 대해서 고민해 보게 된다.

서울 동대문구 제기동, 우리꽃연구소 http://cconlab.kr
경북 봉화군, 국화차 국태농원 http://www.kuktae.com

38. 영주댐을 없애고, 내성천 모래밭에 내수욕장을 만들자!

영주사람들은 영남의 진산인 소백산이 지척에 있음에도 불구하고 소중함을 잘 모르고 사는 듯하다. '남산 아래에 살면 남산에 오를 일이 없다'는 말처럼 나도 사십대 중반에 비로봉에 처음 올랐다. 그리고 또 하나 중요함을 잘 모르는 곳이 있다.

바로 봉화 물야면 선달산에서 발원하여 봉화읍, 이산면, 평은면, 문수면을 지나 예천으로 흘러가는 길이 109.5㎞의 낙동강의 제1지류인 내성천(乃城川)이다. 세계적으로도 몇 안 되는 국보급 금모래 강으로 상류에 수많은 소형 보(洑)와 영주댐의 건설로 모래유입이 점점 줄고 있다.

무섬마을 같은 곳은 이미 모래밭이 자갈밭으로 변하는 등 육화를 거듭하고 있어 마음 아픈 곳이다. 개인적으로는 최근 녹조대량 발생 소식을 접하면서 "영주댐은 즉각 철거가 대안이다"이라는 생각을 강하게 하게 되었다.

이명박 정부가 4대강사업의 일환으로 1조원 이상의 예산을 투입해 건설한 영주댐이 완공 직후부터 매년 발생하고 있는 녹조현상으로 몸살을 앓고 있다. 게다가 영주댐 물이 유입되는 내성천에는 1급 수종 물고기가 사라지거나 개체수가 급감하고 있어 심각성을 더하고 있다.

특히 오염된 물은 낙동강으로 흘러들어 영남권 식수원마저 크게 위협하고 있어 특단의 대책이 요구된다. 지난 3월 22일 '내성천 보존회'에 따르면 영주댐 건설이후 매년 반복되고 있는 녹조현상이 올해는 지난 3월 17일 관측된 후 급속히 확산되고 있다.

이는 지난해 보다 두 달이나 앞당겨 발생한 것이다. 지난해의 경우 영주댐 녹조는 5월부터 발생했었다. 이처럼 매년 영주댐에서 녹조현상이 심각하게 반복되고 있는 것은 댐 유역에서 광범위하게 경작되고 있는 농경지가 원인으로 꼽힌다.

이들 농경지에는 해마다 방대한 양의 퇴비와 비료가 살포되고 있다. 이런 퇴비와 비료는 흙과 혼합되면서 질소와 인으로 분해된 채 비가 오면 댐으로 유입되면서 수질을 악화시키고 있다. 이런 독소가 담수된 영주댐의 물이 내성천으로 대량 방류되면서 생태계 교란이 일어난다는 게 단체의 주장이다.

실제 내성천에는 최근 토종인 흰수마자와 피라미 등 1급 수종 물고기가 사라지거나 개체수가 급감하면서 우려를 낳고 있다. 녹조의 근원인 '마이크로시스티스'라는 남조류는 죽으면서 '마이크로시스틴'이라는 독소를 분비하기 때문이다.

영주댐이 애당초 댐의 용지로써 부적절했다는 의미다. 이와 같이 물고기가 살 수 없는 환경이라면 사람에게도 악영향을 미칠 수밖에 없어 낙동강 식수원도 크게 위협받고 있는 상황이다.

내성천보존회 황선종 사무국장은 "영주댐 부지가 대규모 녹조현상이 불가피한 여건이었음에도 전 정부는 수질우려 등의 문제 제기를 무시하고 기어코 댐을 건설했다"면서 "결국 영주댐은 건설 목적이었던 '낙동강 수질 개선' 목적에 기여 하기는 커녕 오히려 낙동강 오염의 주범으로 전락한 것"이라고 했다.

이와 관련 수자원공사 관계자는 "환경단체가 주장과 달리 아직까지 유해 난조류는 검출되지 않고 있다"면서 "녹조수질개선을 위해 작년부터 용역이 진행 중이며, 5월말까지 수중폭기시설을 설치해 녹조에 대응할 것"이라고 말했다.

하지만 환경단체는 수자원공사의 대응이 근본적인 조치가 될 수 없다는 반응이다. 황 국장은 "영주댐 녹조현상은 타 지역에 볼 수 없는 심각한 농도를 갖고 있지만 그동안 환경부와 관계부터는 무대응을 넘어 무관심으로 일관했다"면서 "시간이 늦을수록 폐해는 돌이킬 수 없이 크질 것이기 때문에 지금이라도 영주댐 철거를 위한 절차가 시행돼야 할 것"이라고 촉구했다.

이에 한국수자원공사 경북북부권지사는 내성천보존회의 영주댐 녹조현상 관측 주장에 "영주댐 수질검사 결과 유해 남조류가 검출되지 않았다"고 반박했다. 지난 3월 23일 "영주댐의 합동 수질모니터링을 위해 작년 9월부터 민관학 합동기구인 '영주호 운영협의회'가 구성돼 운영 중"이라고 했다.

아울러 "시민단체, 지역주민, 전문가와 함께 정기적으로 합동수질조사를 실시하고 있다"고 밝혔다. 또 "지난 20일 영주댐 저수지 수질측정 결과 총유기탄소는 3.2mg/ℓ 로 환경부 수질기준 상 '약간좋음' 수준을 나타냈다"며 "유해남조류 및 유해 남조류에서 생성되는 독소는 검출되지 않았다"고 설명했다.

경북북부권지사는 "현재 저수지 수온은 6도 수준으로 유해 남조류 발생이 어려운 여건"이라며, "다만, 최근 발생한 강우(3월19일 31㎜)에 따른 토사 유입 영향 등으로 탁도가 다소 증가한 상태"라고 말했다.

관계자는 "영주댐은 저수지내 토양 조사 및 수중폭기시설 추가 설치 등 수질개선대책 시행을 위해 현재 댐 수위를 낮춘 상태"라며 "차질 없는 수질개선대책 시행과 함께 지속적으로 수질모니터링을 실시할 예정"이라고 덧붙였다.

경북북부권지사는 2018년 2월 말부터 댐의 물을 최저수위만 남겨두고 방출하고 있다. 2016~2018년 지속적으로 녹조가 발생해 물이 고이지 않도록 하기 위한 조치다. 하지만 3월 중순임에도 댐 인근 물은 이미 녹색 빛을 띠고 있다.

영주댐 건설의 큰 목적은 낙동강 유역 수질 개선을 위한 수량 확보 대구지역 상수도 공급이었다. 낙동강 지류인 내성천의 1급수를 저장했다가 하류로 흘려보내 낙동강의 수질을 개선하겠다는 것이다. 그리고 대구지역에서 맑은 내성천 물을 상수도로 공급할 예정이었다.

하지만 댐 건설 이후 내성천의 물은 1급수에 미치지 못했고, 오히려 독성이 있는 녹조가 나타났다. 시민단체와 전문가들은 애초 댐 건설 계획부터 잘못됐다고 한다. 주변에 농축산업 시설이 많아 퇴비·비료·분뇨가 강으로 흘러드는 구조이기 때문이다. 오히려 댐 건설 이전 모래가 많은 내성천은 물이 계속 흐르는 데다 깨끗한 모래가 자연필터 역할을 해 1급수를 유지했었다.

아무튼 누가 바르고 틀린지는 현재는 무의미한 공방으로 보인다. 상수원으로도 생활공원용수로도 쓸 수 없는 물이라면, 녹조 발생 유무와 상관없이 댐을 없애는 것이 맞다. 하지만 나름 이런 의미 있는 제안도 있다. "영주댐 물, 봄이 아직 제대로 시작도 되지 않았는데 썩고 있다. 댐 철거를 주장하는 여론이 높아지고 있다."

영주댐의 필요성을 말하던 전문가(?)들의 소리는 쑥 들어가서 들리지 않는다. 댐을 부시자는 사람들은 그동안 댐 때문에 속을 많이 썩었던 분들이다. 데모꾼이란 비아냥거림을 듣기도 했다. 댐은 철거하고, 댐을 만들면서 부대시설로 만든 곳을 활용하자는 분들도 있다. 또 한옥을 몇 채 지어 놓으면 하회마을이나 병산서원보다 더 경관이 좋다고도 한다.

맞는 말이다. 옛 모습에 새로 지은 한옥이 조화되면 영화촬영의 좋은 배경이 되리라. 개인적으로 나는 댐 철거에 반대한다. 절대 반대한다. 영주댐은 그대로 두어야 한다. 다만 수문은 개방하고 댐의 형태는 보존해야한다. 엄청난 규모의 잘못된 혈세 투입의 사례로 보전하여야 한다.

영주댐의 현재 녹조 상태, 물고기 폐사, 없어지는 모래 등 현재를 상세히 기록해야 한다. 그 기록물을 영주댐 시설 공간에 전시해야 한다. 그런 다음 국민에게 알리자. 세계인들에게 알리자. "와서 반드시 확인하여야 한다"는 사실을 설득해야 한다.

전국에서 사람들이 오고 세계 도처에서 사람들이 오면 부끄럽지만 우리의 잘못을 함께 알리자. 다시 이런 일이 일어나지 않도록 호소하자. 바로 이런 것이 영주선비의 자세가 아니겠는가! 최소 연간 백만 명 이상이 오도록 하자.

외국인에게 우리 자신의 잘못과 앞으로 할 실천 약속을 영어로 말하는 연습도 하자. 방문하는 세계 사람들이 모래가 좋은 내수욕장에서 여름을 보내는 추억을 갖고 가게 하자. 당장 크게 만들 것도 아니다. 호화스런 샤워장이나 숙소를 만들지 않아도 된다.

텐트촌이라도 좋다. 세계에 단 하나 밖에 없는 모래 내수욕장, 바로 만들 수 있다. 요즘 시대에 입소문 타게 하는 건 순간이다. "절대 댐 부시면 안 됩니다" 나도 적극적으로 동의하는 바다.

39. 정당 70% 인물 20% 공약 10%, 최교일 의원 살길은 공천에 달렸다.

2년 전인 지난 20대 총선 이야기다. 당시 영주 예천 문경지역구는 최교일 장윤석 이한성 홍성칠 후보가 새누리당 공천 경쟁으로 치열했다. 1차 경선에서 홍성칠 장윤석 탈락. 장 후보는 영주에서 3선 의원을 지냈다. 그의 탈락을 보면서 그 어떤 꽃도 권력도 무한하지 않음을 배웠다. 꽃도 한철이지만, 권력도 권불십년(權不十年)이다.

그는 임기 동안 권영창 김주영 장욱현 영주시장과 많은 일을 했다. 개인적으로는 성과도 많았으며, 큰일을 했다고 생각한다. 하지만 공천에서 탈락했다. 그는 정치인의 기본인 스킨십(skin-ship-피부와 피부의 접촉을 통한 애정 교류)이 전혀 안 되는 사람이다. 또한 IQ만 높고 그다지 EQ는 높지 않은 사람으로 보였다.

특히 권 시장과의 소송, 낙선한 김 엽과의 소송, 김 시장의 낙천 등등 지역 내의 다양한 소송으로 검사 출신다운 면모를 잘 보여주었다. 승자의 아량은 조금도 찾아볼 수 없는 반목과 갈등 조장으로 실망이 컸다.

장 의원을 두고, 고향에서도 누구하나 형님 동생 하는 것을 나는 한 번도 본 적 없다. 그저 "장의원" "장윤석 의원님" 정도다. 이런 사람은 정치할 자격(?)이 없다. 그냥 돈 잘 버는 변호사로 살면 된다.

다음 원인은 연이은 공천실수였다. 국회의원들은 "지방선거는 시도당이나 중앙당에서 공천권을 행사하는 관계로 자기는 별로 힘이 없다(?)"고 엄살을 부린다. 하지만 특별히 전략공천 하는 곳을 제외하고는 대부분 지역 국회의원이 시장 군수, 시도의원, 시군의원을 공천하게 된다.

장 의원은 공천만 원만하게 했어도 4~5선은 갈 수 있었다. 연이은 공천실패 결과 본인도 공천에서 탈락하고 말았다. 우선 김주영 시장의 탈락과 이후 무소속 출마당선과 다른 시도의원 두 사람 공천과 동반낙선의 영향이 엄청나게 컸다.

내가 보는 견지(見地)로는 영주와 같은 지방도시에서 투표성향은 정당70% 내외, 인물20% 내외, 공약10%내외로 보여 진다. 그런데 공천 받은 사람이 낙선하는 경우라면 후보문제도 있겠지만, 사실은 공천실수가 더 큰 원인이다.

지방이 살아야 대한민국이 산다

어차피 누구를 공천해도 되고, 무소속으로 당선이 된 경우라도 바로 입당하면 사태는 달라진다. 하지만 무소속 당선자가 입당하지 않거나, 입당거부나 거절을 당하면 후일은 심각해진다. 장기적으로 분명하게 자신의 선거에 타격을 주기 때문이다.

가장 중요한 것은 바로 시장 군수, 시 도의원이다. 죄송한 말씀이지만 더욱더 바닥을 다지는 것이 중요한 시 군의원 공천은 국회의원 선거와는 조금은 다르게 움직인다. 바닥전과 공중전의 차이가 있다는 말이다.

시 군의원는 공천보다는 민심이 확실히 더 중요하다. 그래서 시 군의원은 공천을 받지 않아도 열심히 발바닥 아프게 다니는 사람이 승리할 수 있다. 반면 시 도의원 이상은 확실히 공중전이다. 중앙당 실수로 역풍이 불고, 정당 지지도에 따라서 선거의 70%가 좌우된다.

아무튼 최 의원 입장에서 이번 선거에서 공천은 매우 중요하다. 특히 시 도의원, 시장 군수는 절대적이다. 새는 좌우날개로 난다. 국회의원도 자신을 도와줄 시장 군수와 시 도의원의 도움이 없으면 절대로 다음 선거에서 승리하지 못한다.

장 의원이 선거에서 공천을 못 받은 가장 큰 이유 중에 하나가 바로 무소속 박성만 도의원과 황병직 도의원의 당선이었다. 민심을 잃고 사람으로 보자면 양 날개도 잃어버린 것이다. 나는 당시 "장 의원 시대는 끝났다"고 예견하고 다녔다. "날개 잃은 새는 절대로 다시 날수 없다"고 말하고 다녔다.

그럼 이번에는 어떤 사람을 공천하는 것이 중요한가? 이번 지방선거는 분명하게 판이 바뀔 수 있고 지역구도가 확실해질 것으로 보인다. 자유한국당은 이미 영남에만 집중하고 있다. 산토끼는 포기하고 집토끼만 잡기로 목표를 잡은 것이다. 다시 말해 영남에서 90%이상 몰빵을 기대하고 있는 형국이다.

이런 상황이라면 공천을 받는 사람은 무조건 당선될 수 있다. 특히 박근혜이명박 프레임을 이용할 가능성이 매우 크다. 이번에 "영남에서 몰표가 안 나오면 박근혜 대통령은 감옥에서 죽습니다"라고 하는 선거 이슈가 곳곳에서 강력하게 대두될 것이다. 따라서 이번 선거에 영남에서는 공천이 바로 당선 보증 수표가 될 것이다.

그렇다고 방심하고 아무나 공천하면 큰일 난다. 간혹 무시무시한 무소속이 있기 마련이다. 영주에서도 무소속으로 여러 번 연속 당선된 몇 명의 의원들이 있다. 그들과의 싸움에서는 '공천=당선보증'이라는 논리는 통하지 않는다. 특히 현직이라면 무소속이라도 절대로 무시할 수 없다. 현직이라고 하는 프리미엄과 경험을 쉽게 이길 수 없다.

하지만 공천만 잘하면 길이 열린다. 우선 누구도 생각하지 못했던 참신한 인물을 영입하여 공천하면 된다. 30대 혹은 40대의 젊은 사람이라면 좋다. 그리고 기본적인 정치경험과 전략이 있는 사람이면 더 좋다. 과거 '이준석' '손수조'가 주목받은 것은 젊다는 이유가 가장 크다.

이번처럼 정책이 없는 선거에는 인물이 중요하다. 젊다는 인물론이 필요하다. 그리고 깨어있는 사람이면 최고다. 간혹 야당에서 여당 활동하거나, 여당에서 야당 일하는 사람이 있다. 꼴 보기 싫은 사람일 수 있다. 하지만 반드시 필요한 소금과 빛의 역할이다.

어떻게 보면 경북에서 민주당하는 사람이 필요한 이유다. 더 나가면 정의당 지지하는 사람이 필요한 시대다. 보수의 중심 경북이 이 모양으로 썩은 것은 제대로 된 야당이 소금과 빛이 없었기 때문이다.

시군의원 10명 중에 야당이 2명만 있어도 정책이 달라지고, 공무원들의 태도가 달라진다. 또한 시민들의 시선도 언론의 필체도 바뀐다. 영주에서도 이제는 바른 사람, 아래를 볼 줄 아는 사람, 현장에 답이 있고 시선이 낮을 곳을 향하는 사람을 공천할 필요가 있다. 그런 사람이 지역을 바꾸고 정치와 행정을 바꾸어 영주를 새롭게 만들 기틀이 되기 때문이다.

실례로 시군의원 한두 명이 야당의원으로 당선되는 경우 의회 내에 있는 다양한 위원회 활동은 물론 예산이 다르게 쓰임을 몸으로 느낄 수 있다. 경기도 모 시군에서 의원 한사람이 회계사가 봐도 어려운 예산안을 원형도표로 만들어 시민들에게 공개했더니 난리가 난 적이 있다.

그냥 숫자로만 되어 있던 예산을 원형도표로 보니 형편없는 예산이 많은지, 복지 예산 비율이 얼마나 낮은지 등등을 시민들이 정확하게 알게 되었다고 한다. 바로 작은 것 하나부터 새롭게 시작하겠다는 마음으로 이번에는 정말 진실한 사람, 젊은 사람, 능력 있고 아래를 지향하는 사람, 늘 현장에 답이 있고 바른 정치와 행정에 뜻이 있는 사람을 잘 공천하길 바란다.

사람 없다는 소리는 하지마라. 찾지 않는 것이지, 찾으면 사람천

지다. 그래야 최 의원도 롱런(longrun)할 수 있다. 그렇지 않으면 '아직도 시끄러운 이런저런 파장'으로 인하여 중앙당의 거부 및 시민들의 거절로 다음번 자신의 공천도 물 건너갈 수 있는 어려운 상황이 발생할 수 있다.

40. 무소속 출마와 정당공천의 차이는 무엇일까?

고향 영주에 살고 있는 친구 배준우(승규)가 며칠 전 자신의 SNS에 지역 정치에 관한 재미난 글을 남겼다. 그 내용은 "6.13지방선거에 즈음하여. 먼저 시의원에 도전하시는 분들의 선전을 기원합니다. 인구 10만 밖에 안 되는 시골 소도시에서 정치행위를 하시려는 분들은 무소속으로 출마하시길 권고 드립니다. 큰 꿈을 꾸시고 시민께 봉사하고자 하시는 후보님들의 충정에 박수를 보냅니다. 당 공천을 받고 선전하시어 당선되면 열심히 봉사하시려는 의지만큼은 100%공감이갑니다 만, 각 당과 정파의 일원으로 출마하셔서 당선이 되어본들 후보님의 정치적 소양과 꿈을 펼쳐 나가시려 노력하시겠지만 공천권을 가지신 분들의 의향과 방향성에 맞추어 일을 해야 하고 정책을 결정하다 보면 최악의 경우는 당의 거수기 역할에 그치거나 후보님의 꿈을 펼쳐보지도 못하는 우를 범할 수 있습니다."라며 "진정 시민의 충복으로 봉사를 하고자 하신다면 左眄右顧(좌고우면)하지 마시고 소신 것 일하실 수 있게 무소속으로 출마하셔서 우리 시민을 바라보시고 시민의 눈높이에서 본인의 꿈을 펼쳐 나가시길 간곡히 부탁드리며, 그런 의지를 밝히신다면 영주시민들은 쌍수들어 환영하며 선거 승리를 위해 자발적으로 응원하리라 믿어 의심치 않습니다. 정치 지형이 바뀌고 있고 의식도 많이 올라갔습니다. 우리 영주시와 시민을 위해 과감한 결단을 해주시길 부탁드립니다. 그리고 우리 영주시민들은 선비정신의 높은 의식으로 무소속 시의원 선출하기에 나서주시길 부탁드립니다."라는 글을 남겼다.

이에 재미난 댓글들이 몇 개 달렸다. 우선 영주시장 출마를 준비 중인 박완서님의 댓글이다. "보수의 가치 그리고 그 가치를 실현하려면 보수당에 가야 합니다. 지금의 자한당은 보수당이 아니라 수구세력 기득권세력으로 왜곡된 정당이라고 생각합니다. 한마디로 균형감을 잃은 저울 같은 존재와 같습니다. 정당은 정당이 추구는 가치와 철학이 있습니다. 그리고 실천에서는 서로 감시와 견제를 하는 일이 중요합니다. 무소속을 선호하는 사람은 소신은 없으나 권력을 갖고 싶어 하는 기회주의로 변질될 가능성이 높습니다"라고 했다.

이에 바로 댓글에 댓글이 달렸다. 무소속으로 영주시의원 출마를 준비 중인 우충무님의 글이다. "감사합니다. 정치의 다양성은 충분히 공감합니다. 과거 지역의 선배님들께서도 지역의 분열과 정당의 정책논리에 따른 폐단으로 기초의원 정당공천제 폐지를 함께 주창하셨음을 상기해 주셨으면 합니다. 제가 무소속으로 출마하려는 이유는 이런 정당논리와 편협성으로 지역이 화합하지 못하고 미래를 찾아가지 못하는 모습을 저희 세대에서는 바꿔야 한다고 생각해서입니다. 정당정치 중요합니다. 국회에서 국민을 생각하지 않으니 시의회인들 시민을 생각하겠습니까? 무소속을 지지하면 소신 없고 기회주의로 변질될 가능성이 높은 것은 아니지요. 더 소신껏 목소리를 낼 수 있음을 무조건 무소속이 아니라 왜 젊은 사람이 모든 것을 내리고 무소속을 택했을까를 지역의 선배님들이 생각해 주셨으면 합니다"라고 했다.

이에 다시 박완서님의 댓글이 달렸다. "무소속이 정견과 철학은 될 수 없지만 본인의 주장과 다양성은 존중되어야 합니다"라는 대답이다. 아울러 "일당독재란? 말은, 꼭 평양에서만 있는 말이 아니다! 국회의원과 지방의회 그리고 지자체가 다수가 아닌 하나의 당이 장악하고 있는 것을 말한다. 일당독재는 지방자치를 무력화시킨다. 공천 준 자의 친위대 역할을 너무 많이 봐 왔다. 똘마니 지방자치, 하수인 자치를 이번에는 중지시키고 견제와 시민참여를 통한 분권시대를 만드는 중요 시점이다"라고 주장했다.

다른 댓글 중에 하나는 영주에서 영어강사로 일하는 김수종님의 댓글이다. "100%지지하는 내용입니다. 기초의원 정당공천폐지는 온몸으로 찬성합니다. 일부 몰지각한 '자주 한심한 당'공천을 노리는 하이에나들의 입방아에 오를까봐. 잘하셨습니다"라는 글이다.

의미가 있어 보이는 댓글만을 정리한 것이다. 개인적으로 "댓글로 세상을 바꾸지 못 한다"는 '댓글 무용론'을 신봉하는 사람이라, 댓글보다는 댓글을 정리하여 하나의 새로운 글을 쓰고자 한다. 사실 준우의 글에도 공감하고, 나머지 세분의 댓글에도 공감한다. "그런데 무슨 새로운 글이냐"라고 물어보면 조금은 다른 생각이 있기에 글로 정리하고자 한다.

우선 현대정치는 정당정치를 기본으로 하고 있다. 그래서 특히 영주사람들은 대체로 정당70% 인물20% 공약10%로 투표한다. 그 이유는 바로 정당을 통하여 자신의 의견을 관철하고자 하고, 그 정당이 자신의 이해와 요구를 대변한다고 생각하기 때문이다. 실재로 그렇게 투표행위가 벌어지고 있다.

반대로 행하고, 사람이나 공약만을 보고 투표하는 경우도 있다. 운 좋게 바른 사람을 뽑고 당선되었음에도 불구하고 의회에서 자신의 목소리를 내지 못하는 상황이 종종 발생한다. 10명이 넘는 의원들 가운데, 무소속 한두 의원이 할 수 있는 일은 거의 없다. 반면 정당 소속이면 소수당이라고 해도 정당의 이해와 요구 및 지원을 등에 업고 동료의원들과 협상 가능한 측면이 있다.

물론 현재의 기초지자체인 시 군의원의 공천 제도는 분명하게 폐단이 많다. 그래서 여러 곳에서 "기초의원 정당공천폐지는 온몸으로 찬성합니다"라는 의견이 나오고 있는 것이다. 또한 "공천권을 가지신 분들의 의향과 방향성에 맞추어 일을 해야 하고" "당의 거수기 역할"만 하게 되는 경우도 발생한다. 그래서 기성 정당에 대한 식상함과 반작용으로 무소속 출마당선 과정을 고집하는 후보자가 생겨나게 되고, 또 그런 사람들을 지지하는 시민들이 있는 것이다.

둘째로 무소속의 경우에는 정치경험이 개인에게만 축척되는 한계가 있다. 정치도 학습이고 이러한 학습과정은 정당을 통하여 축적되는 행위를 통하여 새로운 틀을 만들어 내는 결과물이 되는 것이다. 그런데 무소속은 개인의 역량강화에는 도움이 될지 몰라도, 그것이 정치발전으로 이어지기는 어렵다. 종국에는 다시 자신의 꿈과 역량확대를 위해 입당과정을 통하여 변화 발전하는 행위를 거행하게 된다.

세 번째는 정치는 부단한 협상의 산물이다. 문제를 끊임없이 조율하고 이런 지속적인 논의과정을 통하여 상호 보완하여 결과와 대안을 만들어낸다. 그런데 무소속의 경우에는 이런 과정이 생략되거나 거부될 수 있다. 무소속은 기본적으로 협상 대상에서 제외되는 상황이 자주 발생한다.

넷째는 정책 개발의 한계이다. 현대는 집단지성의 시대이다. 한 사람의 천재보다 백 명의 평범한 머리가 모여서 만들어내는 지혜와 용기가 필요한 시대이다. 따라서 무소속 한사람이 만들어내는 정책과 공약에는 한계가 분명하다. 또한 사업도 혼자서 하는 것보다는 여럿이 함께 공유하고 집행하는 것이 더 큰 힘을 받는다.

마지막으로는 시군의원의 경우에는 다들 지역사회 선후배이거나 지인인 관계로 크게 문제가 없기는 하지만, 스스로 발전 과정을 통하여 시·도의원, 시장군수, 시도지사 등으로 성장하는 데 한계가 있다.

따라서 개인 역량 강화에는 도움이 될지 몰라도 지역의 큰 그림과 발전에는 분명하게 제약이 있다. 물론 시군의원으로 만족하고 봉사하는 것으로 끝내면 큰 문제는 없다. 하지만 늘 더 큰 꿈을 꾸게 되는 것이 사람의 꿈이고 이상이고 보면 무소속의 한계는 분명하다.

단, 시군의원의 경우에는 적극적으로 발로 뛰면 당선이 가능하고, 지역사회에서 봉사하는 동량으로 무소속이 의미가 있을 수 있다. 그리고 '기초의원 공천폐지'라고 하는 주장에도 부합하는 관계로 지향하는 바가 있다면 정당 공천과 무관하게 무소속 출마를 권유하고 싶기도 하다.

특히 영주처럼 '자주 한심한 당' 공천을 노리는 하이에나들이 넘치는 경우라면 나름 의미가 있는 일이라고 본다. 하지만 '현대는 정당 정치'라고 하는 큰 틀에서 보자면, 무소속을 지양하는 것이 올바른 선택이다. 나 역시 뜻있는 소수당에 투표할망정 무소속에는 표를 주지 않고 있다.

41. 정말 공천이 중요한데? 말이지요

이제 6월 지방선거와 관련하여 본격적인 공천신청은 거의 마감한 상태이고, 서류심사와 면접, 여론조사 등을 통한 공천 확정만 남은 단계이다. 이미 광역시도는 공천이 확정된 곳이 있고, 시군의 경우에는 대략 한 달 안에 공천자를 확정할 것으로 보인다.

영주예천문경의 경우에도 더불어민주당 자유한국당 바른미래당 등이 공천심사를 하고 있는 것으로 안다. 지역민 다수는 여당인 더불어민주당 공천과 제1야당인 자유한국당 공천에 촉각을 곤두세우고 있는 듯하다.

전통적으로 보수당이 강세인 영주예천문경에서는 소위 자유한국당 공천이 당선이라는 등식이 성립하는 곳이다. 특히 이번 선거의 경우에는 강력한 보수프레임이 형성될 것이라고 보면, 공천=당선의 가능성이 상당히 높은 선거로 보인다.

이번 선거 국면에서 박근혜 이명박 전 대통령에 관한 이슈가 얼마가 일어날지, 헌법 개정과 미투(#me too)운동의 바람이 얼마나 불지에 따라서 선거 향배는 공중전으로 크게 영향을 미칠 것으로 보인다. 물론 지역에 있는 작은 이슈들도 파장이 일기는 할 것이다.

아무튼 공천과 관련하여 파장은 어디에나 일어나고 있다. 아무리 공천을 잘해도 파장은 일어난다. 영주의 예를 보자면 과거 시장공천에서 탈락한 박시균 원장이 2년 후 국회의원에 무소속으로 당선되는 상황이 발생했다.

그러고 나니 당연히 현직 김진영 시장과 원활한 업무가 되지 못했다. 이후에는 박시균 의원이 공천을 준 권영창 시장이 당선되어 나름 2년간 업무를 잘했다. 하지만 박시균 의원이 공천에서 탈락하고 전략공천을 받았던 장윤석 의원이 내리 3선을 하는 동안 처음에는 권영창 시장과 잘 맞지 않아서 애를 먹었다.

이후 김주영 시장과 손을 잡았지만 이것도 4년에 지나지 않았다. 4년 후 시장공천에 탈락한 김주영 시장이 무소속으로 출마하여 당선된 후 참으로 보기 힘든 4년을 보냈다. 이후 김주영 시장에 공천에서 탈락한 다음 장욱현 시장이 공천되어 당선되었다.

이후 2년간은 나름 장윤석 의원과 장욱현 시장은 원만한 관계를 유지했다. 이어 다시 2년 후 장윤석 의원이 공천에서 탈락한 다음, 최교일 의원이 공천을 받아 당선되었다. 현재 최교일 의원과 장욱현 시장은 내가 보기에는 그런저런 사이인 것 같다.

문제는 단순히 공천 실수가 국회의원과 시장의 불협화음(不協和音)으로만 끝나지 않는다는 사실에 문제가 있다. 아무리 같은 당이라고 해도 인물간의 친소관계는 상당히 중요하다. 소위 정치적 궁합이 맞는 사람과 안 맞는 사람은 함께하기 어렵다.

때로는 국회의원이 중앙에서 예산을 받아와도, 집행하는 시장에 나 몰라라 하는 경우도 발생하고, 반대로 시장이 무슨 일이 있어 중앙에 부탁을 하려고 해도, 국회의원이 거부하는 사태가 발생하기도 한다.

그렇다고 서로간의 조율을 위한 노력을 안팎에서 해도 협력이 되지 않는 경우가 대부분이다. 그냥 2년을 보내다가 다시 공천의 시기가 오면 다른 사람을 공천하게 되고, 그 공천 결과에 따라 선거의 향배가 갈리는 관계로 정말 지역민은 애를 먹고 지역 발전에도 저해가 된다.

최악의 경우 서로가 낙선운동에 몰입하는 관계로 정치적으로도 대립과 갈등이 상당기간 지속된다. 사실 오래전부터 시장·군수 공천제도는 문제가 많다는 지적이 있었다. 순수한 의미에서 보자면 의원은 정치인이지만, 시장 군수는 행정가에 가깝다.

그런데 공천이라는 폐단을 통하여 어느 당 공천에 따라, 혹은 정당 기여도에 따라 공천이 되고 안 되고는 조금은 문제가 되는 잣대이기 때문에 공천제도 폐지의견이 많았던 것이다. 그렇다고 당장 공천 폐지를 주장하는 것은 말도 안 되는 이야기지만, 공천에는 사심보다는 지역 주민들의 의견을 최대한 존중하는 의지가 중요하다.

보통 당내 경선으로 공천을 하는 경우에는 기존 정당에 기여도와 조직을 가지고 있는 사람이 당연히 유리하게 된다. 따라서 정치 신인이나, 최근에 입당한 사람이 불리하다. 따라서 지역민의 의견을 골고루 수렴하는 차원에서 보자면, 대국민 참여 경선이 맞을 수도 있다.

지역민의 의견을 충분히 수렴할 수 있기 때문이다. 물론 기존에 세력과 힘을 가지고 있는 정치인은 반대할 것이지만, 공정함에 있어서는 의미가 있다. 단, 기존 정당에 대한 충성도는 낮아질 것이다.

그렇다고 지역 국회의원이 공정하다는 핑계와 함께 편하자고 그냥 경선하자고 주장하는 것은 무책임한 일이다. 세상에는 친소관계와 궁합(?) 있고 그런 관계에 따라서도 후보가 결정되기 때문이다.

자유한국당의 경우에는 이미 중앙당에서 이번 지방선거 공천과 관련해 해당 지역 국회의원이 후보를 결정하고 본선 결과에 따라 책임지는 '국회의원 책임 공천'을 강조하고 있는 상황이다. 국회의원에게 후보 공천 권한과 책임을 맡긴 셈이다.

상황이 이렇다 보니 공천 여부가 지역 국회의원과의 친소관계에 좌우되고, 당원과 유권자들의 후보 선택 참정권은 완전히 박탈될 수도 있지만 2년 후 자신의 선거와 당장 다가오는 시장군수와의 원만한 업무관계를 위해서는 필요한 조치일 수도 있다.

아무튼 영주예천문경의 경우에는 최교일 의원이 자신이 가장 욕을 덜 먹는 공개경선을 할지, 그냥 친소관계에 따라 국회의원 책임 공천을 할지는 모를 일이다. 하지만 당장은 편하고 공정한 것처럼 보이는 경선이 독이 될지, 당장 욕을 먹더라도 후일을 위해 책임 공천을 할지는 조금 더 지켜봐야 할 일이다.

사실 최교일 의원이 초선이라고는 하지만, 만 2년의 경험이면 이미 국회에서 배울 것은 다 배운 것이다. 머리 좋고 똑똑한 검사 출신에게 더 이상 정치적 판단 상황은 외부에서 배울 것은 거의 없을 것으로 보인다. 스스로 정확히 판단하는 것이 충분히 가능한 인물이기 때문이다.

재미나게도 공개경선으로 추대된 후보는 보통 스스로의 힘으로 공천을 획득했다고 생각하게 되어 후일에 대한 부담감이 적다. 하지만 책임 공천을 받은 후보는 후일에도 책임감이 더 많아 반드시 오랫동안 그 고마움을 알고 일하는 경우가 많다.

당장은 독배를 마시고 후일이 편한 길을 택할지, 당장은 분위기 좋게 와인을 나눠 마시고 나중에 멀리 있는 독배를 마실지는 국회의원 스스로가 결정할 문제인 것 같다. 세상에 쉽고 편한 길은 어디에도 없다. 학문에 왕도가 없듯이 말이다. 아무튼 조금 더 심사숙고하여 지역발전과 지역민을 위한 아름다운 결단을 해주길 바라는 마음뿐이다.

42. 영주시 첨단베어링산업 클러스터조성, 김칫국물은 천천히 마셔도 된다.

영주시민들에게 '베어링업체 투자유치'라는 단어가 익숙해지기 시작한 것은 일진그룹이 영주공장 설립의사를 밝힌 지난 2011년 연말이다. 이후 '하이테크 베어링 시험평가센터' 유치와 최근에는 '첨단베어링산업 클러스터조성' 등이 지속적으로 지역 언론에 등장하고 있다.

그런데 나는 이 사업을 보고 있자면 자꾸 영주적십자병원 유치과정이 생각난다. 지속적인 적자로 갈 곳 없던 병원을 모(?) 의원 주도로 영주시가 전격적으로 유치했다. 하지만 적자보전문제는 지금도 그 누구도 뾰족한 대책이 없다. 그래서 생각보다 병원 개원이 늦어(?)지는지도 모르겠다.

아무튼 영주시는 첨단베어링산업 클러스터조성사업이 마무리되는 "2022년에는 베어링 관련 기업 100개 이상을 육성해 신규 일자리 1만5,000개 이상 창출과 세계 5대 베어링산업 선도국 진입을 기대하고 있다"는 말까지 하고 있다.

지난 2011년 상황을 살펴보면, 당시 영주시청에서는 김관용 도지사, 김주영 영주시장, 이상일 일진그룹 회장과 관계자들이 참석한 가운데 3,000억 원 규모의 일진그룹 자동차 및 베어링 등 공장건립에 관한 투자양해각서를 체결했다.

일진그룹은 경주, 제천, 영월 등에 11개 사업장과 미국, 중국, 슬로바키아, 인도, 호주, 독일 등 6개국 9개 해외 사업장을 두고 있는 글로벌 기업이다. 생산하는 주요품목은 휠 베어링과 스티어링&서스펜션, 차체 등으로서 국내에는 현대 기아 쌍용자동차와 GM, 크라이슬러, BMW, 포드, 폭스바켄, 아우디 등 세계적인 완성품 자동차 메이커와 현대모비스, 만도 등 자동차부품 회사에 베어링 등을 제조 납품하는 기업이다.

일진그룹 자회사 베어링아트는 "장수면에 조성중인 반구전문농공단지 내 5만평 부지에 36천 평 규모의 공장을 건립하여 향후 새로 개발되는 하이브리드차 및 전기 자동차 베어링과 산업용 베어링을 생산하게 될 것"이라고 밝혔다.

이후 "2012년 공장착공을 시작으로 2020년까지 연차적으로 투자를 마무리하게 되면 최대 700이상 신규 일자리를 창출함으로써 전문 인력양성을 위한 산학관 협력이 필요할 것"으로 예상했다.

영주시는 김주영 시장이 취임한 민선4기에 "투자유치팀"을 전국 최초로 구성하여 투자유치와 일자리 창출을 시정 최우선 목표로 정하여 투자유치활동을 활발히 전개해 온 결과 성과를 드러낸 것이다.

이후 인천 남동공단 베어링 생산업체인 삼호엔지니어링이 인천공장 일부를 영주 갈산산업단지로 이전하는 계획을 최종 확정하고 영주시와 투자양해각서를 체결했고 현대테크 등도 공장건립을 준비 중이며 다른 업체와는 유치 협상을 벌이고 있다.

또한 한국생산기술연구원이 장수면 갈산일반산업단지에 건립중인 '하이테크 베어링 시험평가센터'는 국내 유일 베어링 시험평가 기관으로 부지 1만㎡, 연건평 3,000㎡ 규모로 2019년 준공 예정이다.

문재인 후보 선거공약으로 '첨단베어링산업 클러스터조성' 사업이 어느 정도 가시화되었다. 연초 이인호 산업부 차관이 군산과 김제, 영주시에 기계 산업 특화 단지 조성을 밝혔다. 군산은 건설기계, 김제는 농기계, 영주는 베어링을 특화 품목으로 하며 각 자치단체와 민간기업과 사업비 매칭을 통해 산업부 주도로 특화 단지 조성에 박차를 가할 계획이다.

장 시장도 올 신년사를 통해 "첨단베어링산업을 대한민국 핵심 산업으로 육성하고 베어링 알루미늄 국가산업단지를 유치하겠다. 대통령 100대 국정과제에 포함되어 영주 경제발전에 커다란 전환점이 될 영주 첨단베어링산업클러스터조성을 위해 첫 단추부터 꼼꼼하고 치밀하게 준비하겠다. 관련기업 100개유치, 일자리 1만 5천개 창출을 목표로 베어링, 경량합금, 반도체 등 첨단 신소재 산업분야에 집중적인 투자유치를 통해 특화 국가산업단지 유치를 꼭 성공시키겠다"라고 밝힌 상황이다.

이후 지난 2월 초에는 국가산업단지 후보지 중 한 곳인 영주 첨단베어링 국가산업단지 조성 지역에 대한 국토교통부 현장실사가 진행됐다. 국토교통부, 국토연구원, 한국토지주택공사 관계자 5명으로 구성된 실사단이 장수면 일원을 방문해 현장실사를 했다. 현장실사는 영주시의 사업계획 설명과 질의응답, 후보지 조망 등의 순서로 진행됐다.

국토교통부는 국가산업단지 조성 후보지인 8개 지방자치단체 후보지를 현장실사한 뒤 용역결과 및 법적 요건과 산업 수요, 지역 균형발전성 등을 반영하여 최종 입지를 선정해 오는 6월~7월에 발표할 것으로 알려졌다.

국토교통부 베어링 국가산업단지 계획이 확정되면, 이번에는 영주시가 산업통상자원부에 하이테크베어링 산업화 기반구축사업과 첨단베어링 전문 인력 양성사업에 대한 사업계획서 및 예산반영을 제안하게 된다. 추후 최종적으로 사업안이 승인되면 2019년 봄부터 예산이 공식적으로 집행될 예정이다. 이 결과에 따라 영주시 일원에 2,500억 원을 들여 150만㎡ 규모로 조성된다.

2월 11일 영주시는 즉각적으로 첨단베어링산업 클러스터조성 위한 태스크포스(TF)구성했다. TF팀은 김재광 영주부시장을 단장으로 투자유치, 기업지원, 도시계획, 건축, 환경 등 관련분야 실무진 20명으로 구성됐다.

TF팀은 앞으로 대통령 공약사업의 세부 사업내용을 구체화하고 국가예산 확보와 국가산업단지 조기조성을 위한 과제 발굴 등 다양한 활동을 하게 된다. TF팀은 사업의 본격적인 추진을 위해 TF팀 발대식과 함께 첨단베어링클러스터 조성사업의 추진상황 대한 보고회를 가졌다.

영주시가 역점사업으로 추진 중인 영주 첨단베어링산업 클러스터 조성사업은 영주시 하이테크베어링 시험평가센터 일원에 2022년까지 총 사업비 6,000억 원이 투자되는 대형 국책사업이다. 영주시는 사업이 마무리되는 2022년에는 베어링 관련 기업 100개 이상을 육성해 신규 일자리 1만5,000개 이상 창출과 세계 5대 베어링산업 선도국 진입을 기대하고 있다.

그런데 현실은 문재인 대통령이 공약을 했다. 영주시에 2월초 국토교통부 현장실사단이 다녀갔다. 영주시가 즉각적으로 첨단베어링산업 클러스터조성 위한 태스크포스(TF)구성한 것뿐이다. 아직 사업상 확정된 것은 전혀 없다. 정확히 말하자면 대통령 공약 사항에 따라 국토교통부가 국가산업단지 조성 후보지인 8개 지방자치단체를 현장실사 했을 뿐이다.

영주시청 관계자는 "지난 3월 하순 첨단베어링클러스터조성사업 조기시행을 협의하기 위하여 산업통상자원부와 국토교통부를 다녀왔다"라며 "베어링클러스터조성사업에는 산자부 소관인 첨단베어링제조기술개발 및 상용화사업과 국토부 소관인 첨단베어링 국가산업단지조성사업이 있다"며 "우선 산자부를 방문하여 오는 9월 예정인 예비타당성 정부평가와 예산 조기 확보를 위한 긴밀한 협의를 하였다"라고 했다.

아울러 "국토부를 방문해서는 오는 7월 예정하는 국가산업단지 조성계획에 포함되어 베어링 국가산단이 조기조성 되도록 협의하고 왔다"고 했다. 이어 "앞으로도 정부부처와 기밀한 협의를 통해 사업추진에 완성도를 높여나가겠다"고 했다. 분명하게 확정이 아니라 아직 추진 단계에 있다는 것을 밝힌 것이다.

7월 최종 발표 예정인 국토교통부 국가산업단지 선정 이후에도 영주시는 9월말까지 산업통상자원부에 사업계획서를 작성 제출해야 한다. 그리고 산자부의 특화단지 조성 조건인 "자치단체와 민간기업과 사업비 매칭"도 아직 결정 난 기업이 없는 것으로 안다. 그리고 그 사업계획서를 바탕으로 용역결과 및 법적 요건과 산업 수요, 지역 균형발전성 등을 반영하여 산업통상자원부 최종 입지를 선정해 발표하는 시점은 2019년 봄으로 예정되어있다. 정부예산은 그 이후에 받을 수 있게 되는 것이다.

물론 이번 사업이 대통령 공약사항에 포함되어 있다. 영주시에 일진그룹의 베어링 공장이 가동 중이다. 여기에 한국생산기술연구원이 장수면 갈산일반산업단지에 '하이테크 베어링 시험평가센터'가 건립 중이라는 것 등은 장점이 될 수 있다. 하지만 내가 보기에는 쌀도 씻기 전에 이미 수저를 들고 앉아서 밥을 기다리는 상황일 뿐이다.

실제로 사업이 확정된다고 해도, 정확히는 내년부터 2022년까지 많게는 총 사업비 6,000억 원이 투자될 것으로 예상되는 사업이다. 이후 베어링 관련 기업 100개 이상을 육성해 신규 일자리 1만5,000개 이상 창출도 관련 기업이 스스로 알아서 판단할 문제다.

첨단베어링산업 클러스터조성이 완료된다고 해도 기존 공장을 증설하는 것으로 끝날 수 있는 문제라서 공장유치와 고용확대는 인원수까지 단정하기는 힘든 결론이다. 물론 업체에서 증설되는 공장을 영주에 만드는 문제는 지속적인 영주시의 노력에 설득이 과제일 수 있다. 그러면 증설되는 부분은 공장이 영주에 올 수 있어 고용이 늘어날 수 있다.

아무튼 현재 영주시의 첨단베어링산업 클러스터조성 사업과 그 결과 치 예상은 "가도 너무 나간 듯 하다" 아직 떡 줄 사람은 생각도 안하고 있을지도 모르기 때문이다. 일단은 더 분발하여 계획서를 만들어야 한다. 또한 관련 기업과 사업비 매칭도 확정해야 한다. 그러면서도 국책 사업 유치를 위해 더 뛰어야 하는 시점이다. 아직 밥도 안 되었으니, 김칫국물은 천천히 마셔도 된다.

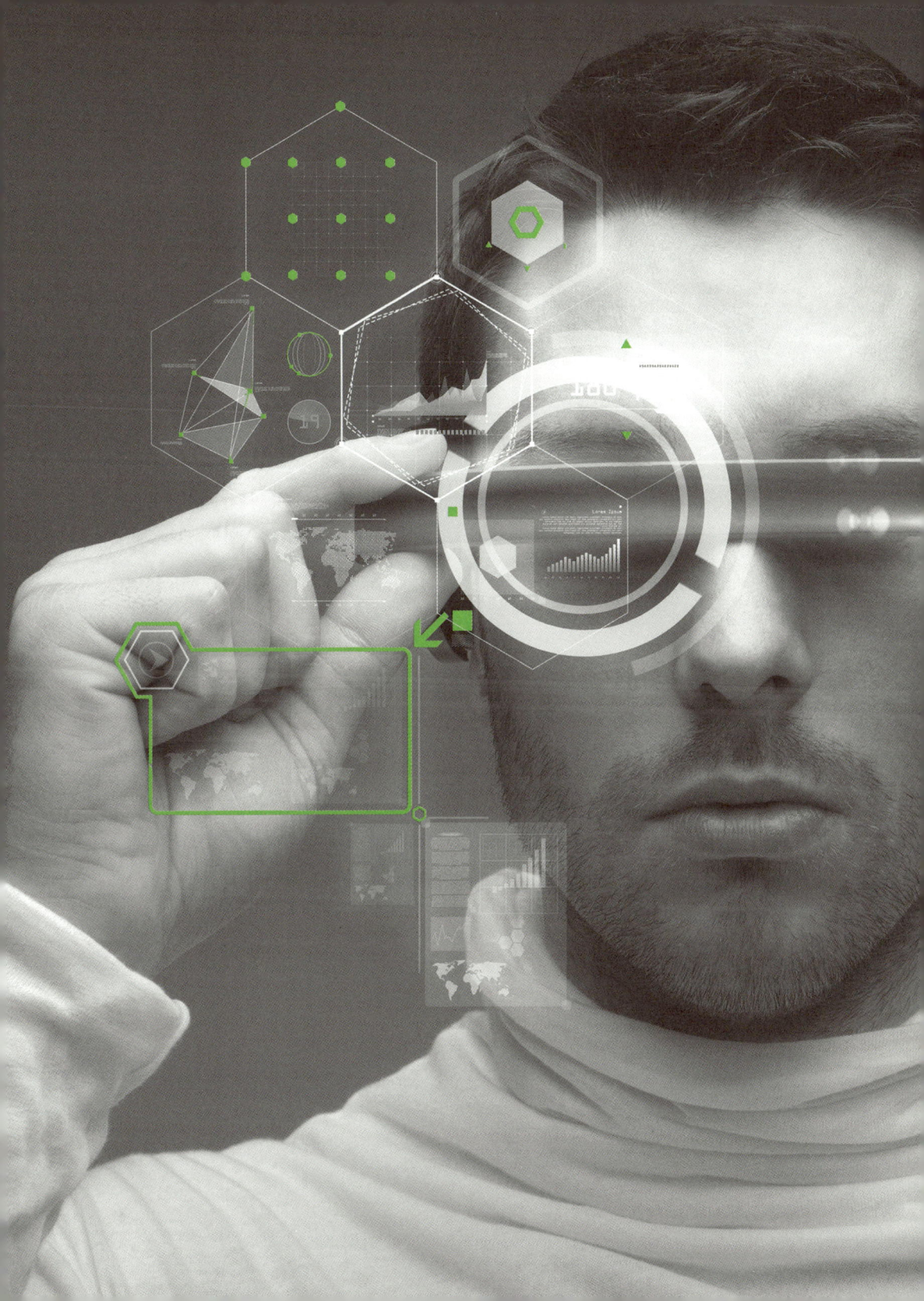

추 천 사

추천사

망원경으로 세상을 바라보고, 현미경으로 분석하는 능력에 감복

나는 서울시 행정1부시장까지 32년 동안 공무원 생활을 했다. 주로 기획 분야에서 일을 많이 했지만, 아직도 글을 쓰고 정리하는 것은 어렵다. 그런데 김수종 작가는 정말 대단한 기획자에 집필가이다.

남들은 한 달은 정리하고 고민해야 하는 일을 하루 이틀이면 머릿속에 정리하고는 그것을 글로 표현하는 사람이다. 이런 능력을 가진 사람이 정말 부럽다. 보통 사람들이 나무를 보면 숲을 잘 보지 못하고, 숲을 보면 나무를 잘 보지 못하는데, 그는 순식간에 숲을 보고 나무를 하나하나 살펴보는 눈을 가진 듯하다.

오랜 독서습관과 꾸준한 사색을 통하여 논리적으로 사고하고 수사학적으로 말하는 능력을 갖춘 듯하다. 그래서 놀랍기만 하다. 지난 연말부터 고향에 관한 사회·문화·정치·경제·복지에 관한 칼럼을 쓴다는 말을 들었는데, 어느 순간 마감하고는 책으로 출간한다고 한다.

어느 날은 망원경으로 세상을 바라보고, 어떤 날은 현미경으로 고향을 분석하는 능력에 감복하면서 김수종 작가의 〈지방이 살아야 대한민국이 산다〉책 발간을 축하한다. 나 또한 지방이 살아야 서울이 살고 대한민국이 살수 있다는 사실에 절대적으로 동의한다.

'아는 만큼 느끼고 느낀 만큼 보인다. 사랑하면 알게 되고, 알면 보이나니, 그때 보이는 것은 전과 같지 않으리라'고 하는데, 고향 사랑이 넘치는 작가의 애정과 정신에 감사드리며, 진심으로 건강하게 글쓰기에 정진하길 기원하는 바이다.

　　　　－류경기(前서울특별시 행정1부시장, 더불어민주당 정책위원회 부의장)

추천사

김수종, 고향의 문제를 글로 꽃피우는 멋진 중년

나는 지방 출신이지만 서울 강서구를 지역구로 국회의원으로 일하고 있다. 하지만 서울 중에서도 어쩌면 변두리인 강서구에 거주하면서 여의도 국회를 출입하는 사람으로 살면서 느끼고 배우는 것이 많다.

지나친 서울 중심주의, 국회 역시도 마찬가지인 것 같다. 인구비례로 국회의원을 선출하는 관계로 서울은 지나치게 정치인이 많다. 지역을 대변하는 국회의원들은 정말 고생을 많이 한다. 특히 3~4개 시군을 지역구로 두고 있는 지방출신 국회의원들은 늘 죽을 맛이다.

평일에는 여의도에서 생활하고, 주말이면 지역을 순회하는 것만으로 파김치가 되어서 돌아오는 경우를 많이 보아왔다. 그래서 나는 지방 출신 동료 국회의원들이 법안 발의를 공동으로 하자고 제안해오면 무조건 승낙부터 하고 본다. 다들 힘들고 어려운 길을 걷고 있다는 것을 알기 때문이다.

김수종 작가는 정말 존경스러운 사람이다. 늘 부지런하고 말이 많기는 하지만 지치지 않고 무언가에 열중하는 사람이다. 1년에 책도 수백 권 읽고, 여행도 수십 곳을 다닌다. 여기에 다양한 글쓰기와 박학다식함에 늘 감동의 연속이다.

이번에 출간하는 고향 영주에 관한 칼럼 집은 어쩌면 희망이 없어 보이는 한국에서 새롭게 지역과 지방이라는 화두를 다시 던지는 책이다. 정말 지역이 살아야 다시 한국이 도약할 수 있는 기틀이 마련된다. 멋지고 아름다운 사람. 김수종 작가의 건필을 언제든 빌어본다. 힘내시고 더 열심히 건강하게 글쓰기에 집중하시길 바랍니다.

-한정애(더불어민주당 국회의원 강서구병)

추천사

후배 김수종 작가, 언제나 건강하게 고향 발전을 위해 날카로운 붓끝을 잘 다듬길

후배 김수종 군은 언제나 밝고 희망차다. 그래서 믿음이 가는 사람이다. 오랫동안 고향에 대한 무한한 애정을 발휘하더니, 오래전 답사여행기〈영주를 걷다〉에 이어 이번에도 고향 이야기책을 한권 출간하게 되었다. 영주의 정치, 문화, 사회, 관광, 복지, 도시재생 등등. 정말 많은 것들을 논하고 있다.

박식함에는 끝이 없는 듯하다. 이런 해박함은 아무래도 누구보다 앞서는 고향에 대한 애정과 사랑인 것 같다. 나는 정말 그 누구에게서도 발견하지 못한 고향에 대한 사랑과 풍부한 인맥을 그에게서 보게 된다. 영주사람이면 모르는 사람이 없을 정도로 많이 알고, 영주에 대한 정보는 언제나 풍부하고 넘친다. 그래서 고

마울 따름이다.

나도 이미 고향을 떠난 지 50년이 다 되어 간다. 하지만 그를 통하여 영주에 관한 수많은 정보들을 얻을 수 있어, 수시로 만나면서 상의도 하고 자문도 받게 된다. 이번 책 출간을 통하여 그가 더욱도 고향을 사랑하고 봉사할 수 있는 기회가 있었으면 하는 마음이다.

사실 세상은 어쩌면 불공평한 측면도 있다. 고향에 대한 무한한 사랑이 넘치는 그는 지금도 스스로 부족한 것이 많다며 늘 이런저런 구상만 하기에 바쁜 듯하다. 올해는 책을 한권 상재(上梓)하게 되었으니, 조만간 더 큰 뜻을 위해 모교나 동문회를 위해 더 많은 일을 해 주었으면 하는 마음이다.

늘 사랑하고 존경하는 후배 김수종 작가의 책 발간을 축하하며, 언제나 건강하게 고향 발전을 위해 날카로운 붓끝을 잘 다듬기를 기원하는 바이다. 진심으로 축하하네! 수종 후배

－남문식(우삼흥업 대표이사, 前영주중앙초등 서울동문회장, 前영광고 서울동문회장, 대한직장인체육회 상임고문/대한직장인체육회 골프협회장)

추천사

김수종의 넘치는 에너지는 더욱 신명나게 발산되고 빛을 발하리

고향 후배인 김수종 작가를 알고 난 후 숙고형 체질인 나에게 그는 항상 부러움의 대상이었다. 진취적 성향에다 늘 에너지가 넘치며 게다가 무척이나 빠르다. 하루 밤이면 책 두어 권을 읽어버리는가 하면 동에 번쩍 서에 번쩍 온 나라를 축지법 쓰듯 다닌다.

초기엔 그가 보내주는 칼럼을 읽으면서도 기자출신 직장인으로 그냥 여기(餘技)로 집필하는 정도로 생각했다. 지금껏 그의 칼럼을 수시로 읽어 왔지만 기억력이 바닥난 지경이라 '어떤 내용들이었지' 하며 오늘 컴퓨터 모니터를 마주하고 작가의 블로그를 뒤지기 시작했다.

그냥 '백 건 이 백 건 정도겠거니' 가볍게 생각하고 마우스를 움직였다. 그런데 이건 무언가? 페이지를 넘기고 넘겨도 끝이 보이지 않았다. 글 속에는 젊고 해맑은 모습의 작가가 있었다. '호기심이 많은 사람이 세상을 진보시킨다'는 명제로 본다면 그는 분명 미래 세계를 열어 갈 사람이다.

칼럼니스트가 어울리는 듯도 하지만 사실 그의 활동영역은 폭넓다. 그중 대표적인 것은 여행, 특히 답사여행이다. 10여 년 전부터 서울의 고궁이나 한옥마을 등 곳곳을 헤집고 다니더니 거기선 책거리했는지 어느 날부터는 영역을 넓혀 온 나라의 문화유산을 찾아다니기 시작했다.

그러고는 다시 지난 일 년 반 동안 풍랑도 거센 대한해협을 건너 일본 쓰시마로 14회나 곳간에 쥐 드나들 듯 오갔다 한다. 언젠가 부산항에서 오전 아홉시 십 분 출발이라는 일정을 보았는데, 그의 내심을 알 리 없는 속인의 생각으로는 '서울 집에서는 도대체 몇 시에 기상을 하며 부인은 또 얼마나 힘들게 했을까'가 궁금했다.

그 여행도 결국 '쓰시마 여행기'라는 이름으로 집필을 마친 것으로 알고 있다. 뿐만 아니라 그간 서울을 비롯해 다닌 전국 답사기를 '역사 그리고 문화, 그 삶의 흔적을 거닐다'라는 책으로 출간했고, 부석사나 소수서원 등 우리 영주의 곳곳을 돌아보고 기록한 '영주를 걷다'라는 책도 이미 시중에 나와 있다.

수다스런 중언부언이지만 그의 열정과 에너지는 끝이 없어 보인다. 이번 칼럼 모음집 '지방이 살아야 대한민국이 산다'의 출판으로 또 한 구비를 넘으며, 아마 작가의 넘치는 에너지는 더욱 신명나게 발산 되고 빛을 발하리라 짐작된다.

-장준문(조각가)

추천사

지역의 성장이 다시 대한민국의 발전으로 되는 날이 오길

완고한 서울중심주의가 대한민국 전체를 통제하고 지배하는 서글픈 세상에 '지방이 살아야 대한민국이 산다'는 주장은 어떻게 보면 생뚱맞게 들릴지도 모르겠다. 우리는 정말 지나치다는 생각이 들 정도로 서울민국, 서울중심주의 국가에 살고 있다.

서울에 살지 않으면 모두가 촌놈이고, 서울에서 대학을 나오지 않으면 모두가 지잡대를 졸업한 사람으로 평생을 살게 된다. 그런 서글픈 현실이 우리의 주변을 억누르고 있는 작금의 상황에서 누구하나 지방과 지역에 대해 강하게 말하는 것조차 힘든 시절 한 가운데서 살고 있는 것이다.

하지만 이가 없으면 반드시 잇몸이 상하게 된다. 반대로 잇몸이 상하면 다시 이도 상하게 되는 것이 엄밀한 현실이다. 김수종 작가는 이러한 세상을 조롱하기라도 하듯 지방 문제와 지역현실에 관심이 많은 사람이다.

예전에는 주로 국제뉴스를 분석하는 글을 많이 쓰던 그가 이제는 다시 지역 문제에 집중하는 것을 보면 끝과 끝은 절대적으로 통하는가 보다. 세계화된 넓고 큰 시선으로 지방을 바라보는 것은 어쩌면 큰 눈으로 하늘에서 아래의 땅을 조망하는 것과 비슷한 것 같다. 그런 멋진 시야를 가지고 있어 지방을 구체적으로 보고 분석하는 재주가 꽃피는 것 같다.

특히 고향을 사랑하는 김수종 작가는 언제나 귀향을 꿈꾸는 중년이며, 늘 고향 사람들과 함께하는 사람이다. 그래서 더 멋진지도 모르겠다. 나처럼 서울에서 나고 자란 사람에게 고향이 주는 의미는 생경하지만 너무나 아름답고 멋스럽다.

영주 촌놈인 김수종 작가의 진심이 이 책을 읽는 모든 분의 가슴에 새벽 첫 우물물처럼 시원하게 와 닿기를 고대하는 마음이다. 지역의 발전이 다시 대한민국의 발전으로 도약으로 보장되는 날을 고대해 본다.

-전현준(시사월간지 〈말〉 전 대표이사)

추천사

지역 살림살이가 좋아지고 지역문화가 발전하면 대한민국도 다시 살아날 것

중학교, 고등학교 동기생인 내 친구 김수종 작가는 영혼이 자유롭고 맑은 사람이며, 시민운동가이다. 그는 평소에 고향 영주의 발전과 지역의 역사문화 및 환경보존에 지대한 관심을 가지고 왕성히 활동해왔다.

오래 전 답사여행기 〈영주를 걷다〉 출간에 이어 그동안 영주지역 행정가와 정치인들, 그리고 주민들을 향해서 날카로운 글로써 제시해온, 다양한 주제의 수많은 제안들을 모아 이번에 칼럼 집으로 내놓게 되었다. 그의 뜨거운 심장과 마음 속 불타는 열정을 아는 친구로서 참 반가운 소식일 뿐이다.

지방 경제와 지역민의 살림살이가 좋아지고 지역문화가 품위 있게 발전하면 자연스럽게 대한민국도 다시 살아나고 도약할 것이라는 명제와 비전, 그리고 이를 뒷받침하는 훌륭한 제안들이 듬뿍 담긴 책이라 기대감을 감추기 어렵다. 김 작가가 늘 건강하게 글쓰기에 정진하길 바라는 마음이다.

―민봉기(금융감독원 영업행위감독조정팀장)

추천사

김수종 작가, 막연한 담론이 아니라 구체적 제언으로 글을 만드는 사람

김수종 작가, 그 이름을 안지가 오래되었다. 그가 쓴 글을 통해 그의 이름을 인터넷에서 안지 오래되었다. 인터넷으로 가끔 내 고향인 '영주' '풍기'를 검색하면 문득 문득 마주치는 이름이기에 그 이름을 기억했다. 그냥 '글 좀 쓰기를 좋아하는 동향 출신의 사람' 정도로 느꼈다.

만나서 서로 자기를 소개한지는 얼마 되지 않았다. 2016년 여름, 그가 금양정사를 방문하였을 때였으니 대면 시기로 따지면 아직 만 2년이 넘지 않았다. 만나니 참 수다스러운 사람이었다. 아니 나까지 수다스럽게 만드는 사람이었다. 그때만 해도 난 조용조용 이야기를 한다는 평을 들었는데 그런 내가 수다를 떨게 하였다.

시간의 흐름을 자각하기가 쉽지 않았던 첫 만남이었다.

서울에 사는 사람인데 금양정사에 대해 잘 아는 게 신기했다. 영주에 대해 박학다식하다는 느낌을 받았다. 영주에 관한 글을 참 많이 썼다. 그와 헤어지고 나서 인터넷 검색을 통해 안 사실이다. 고등학교 졸업 후 고향을 뜬 사람인데 고향에 대해 관심을 이렇게 깊다니, 더구나 그 관심을 글로 엄청 만들어 내고 있다니 놀라웠다. 연장자로서 부끄럽기도 하였다. 좋아하는 마음이 저절로 들었다.

김수종은 작가(作家)이다. 작자(作者)가 아니라 작가(作家), 무게가 느껴지는 용어이다. 만드는데 일가를 이룬 사람을 작가(作家)라고 나는 이해한다. 사회에서 통상적으로 어떤 의미로 쓰이든 나는 작자(作者)와 작가(作家)를 구분한다. 김수종 작가는 글을 그냥 만드는 사람으로서의 (作者)의 단계를 넘어, 만드는데 일가를 이룬 사람으로 보인다.

고향인 영주에 대해 많이 알고 그 많이 아는 것을 소재로 글을 만드는데 일가를 이루고 있는 사람이 김수종이다. 김수종 작가는 영주를 중심으로 봉화와 예천, 문경까지 관심을 갖고 글을 쓰고 있다. 그 글이 인용되어 떠도는 것을 자주 발견한다.

그가 쓰는 글은 고향인 영주와 인근 지역에 국한되지 않는다. 환경에 대해, 예술에 대해, 정치에 대해, 사회에 대해, 과학기술에 대해 이야기 한다. 그런 그의 글에서 사람을 사랑하는 마음을 느낄 수 있다. 고향 영주에 대해 쓰는 글이, 고향에 국한된 사고 틀이 아니라 더 넓은 더 높은 사고의 틀 속에서 만드는 글임을 알 수 있다.

김수종 작가가 쓴 고향 관련 〈영주를 걷다〉는 이미 시중에 나와 있다. 지난 해 고향에 대한 책을 쓰겠다는 그의 말을 듣고 전에 썼던 책의 연장선상에서 쓰는 책이라 넘겨짚었다. 전에 고향을 소개하는 내용 중심이었으니 그 때 빠진 내용을 추가하거나 피상적으로 다룬 내용을 심화하는 내용이리라 생각했다.

사람은 자신이 쓰던 걸 계속 쓰고 가던 길을 계속 간다. 말을 할 때, 추임새도 별로 바뀌지 않는다. 그런데 그가 새로 쓰는 책은 고향의 발전을 위한 탐색이 주제였다. 고향 발전의 탐색에 그치지 않고 솔루션까지 제시하는 책을 만들었다. 막연한 거시적 담론이 아니라 구체적 사안에 대한 제언으로 글을 만들었다.

고향에 대해 무한한 애정을 갖고 고민하지 않으면 나오지 않을 내용의 글을 만들었다. 그가 글을 쓸 때에 수많은 사람을 귀찮게 한다는 말을 들었다. 전화를 걸어서 귀찮게 하고 만나자고 하여 귀찮게 한다고 한다. 귀찮게 한다는 표현은 사람들의 그에 대한 애정표현이다.

그는 자신이 갖고 있는 생각이나 정보가 오류일 수도 있음을 전제로 하나 보다. 수많은 사람에게 전화를 걸거나 만나서 자신이 알고 있는 게 맞는지 확인하니 말이다. 내게도 전화를 여러 번 하였다. 잠을 일찍 잔다는 사람이 오밤중에 전화를 하기도 하였다.

밤늦게 받은 그의 전화가 약간의 귀찮음과 큰 탄복을 느끼게 하였다. 내가 잘못 알거나 줄기를 잘 잡지 못했던 내용을 다시 점검할 수 있게 해주니 그에게 감사의 마음도 가지고 있다.

〈지방이 살아야 대한민국이 산다〉 이 책의 내용은 다가오는 지방화 시대에 새로운 솔루션이다. 제언이기 때문이다. 그의 제언에 다른 생각을 가진 사람이 있을 수도 있다. 다른 생각을 가진 사람도 김작가의 제언이 있으니 고민을 하고 그 고민의 결과로 다른 제언을 만들게 된다.

지방화 시대에 진영논리가 아니라 지역 발전을 중심으로 고민하고 논쟁해야 된다고 생각한다. 그런 고민과 논쟁의 시대로 통하는 큰 문, 여러 사람들이 같이 고민하고 서로 이야기를 하면서 제언을 하고 공직자는 그 제언을 바탕으로 정책을 펴기 위해 여는 문의 역할을 할 책이 바로 이 책이다. 앞으로 지방 정부 시대에 많이 나올 내용의 책들의 견인 주자 같은 책이다.

-황재천(풍기 금양정사 주인)

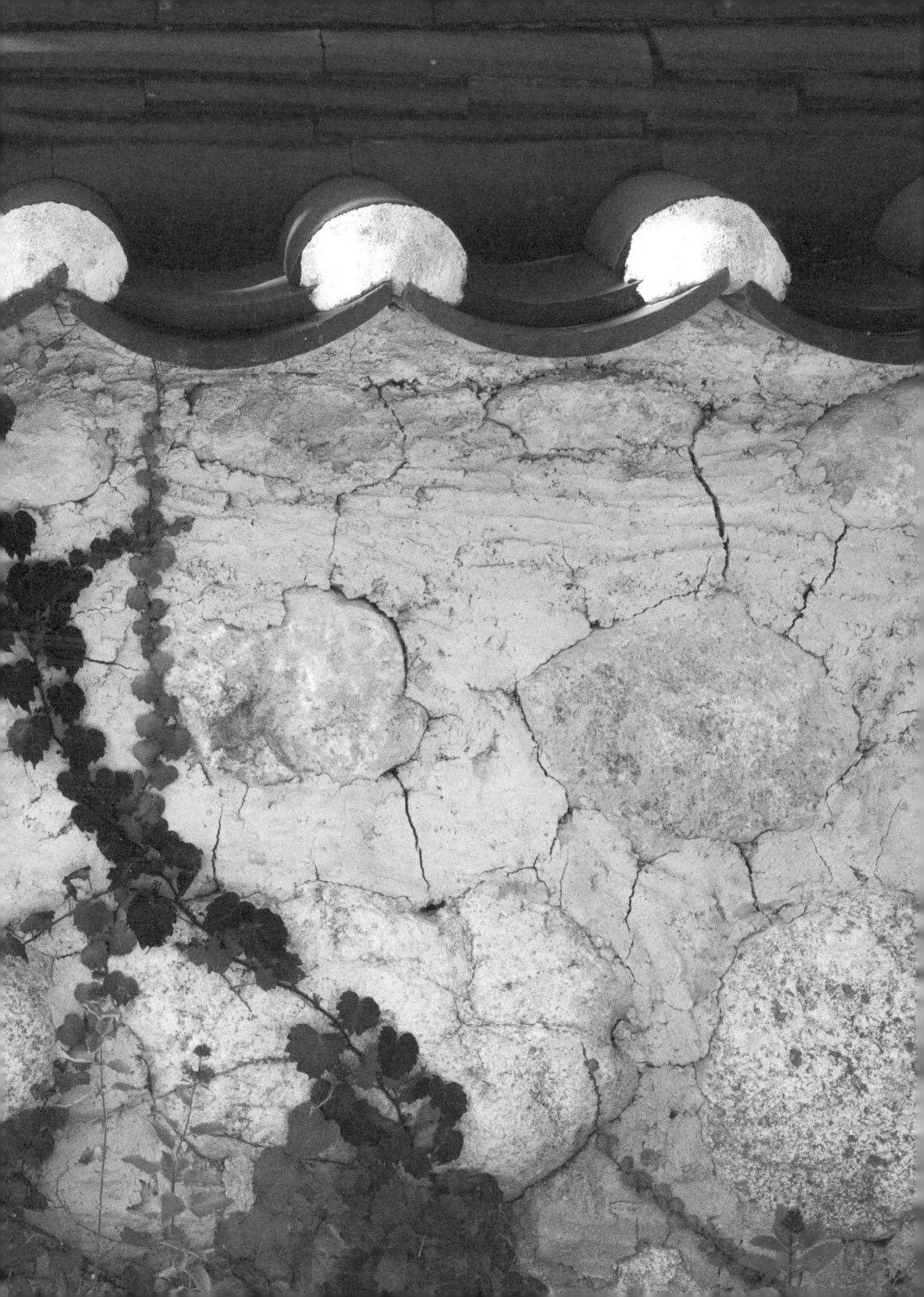

김수종 칼럼 - 지방이 살아야 대한민국이 산다

초 판 1쇄 발행 : 2018년 4월 27일

글쓴이	김수종
펴낸이	박민근
디자인	크레비즈(주) 오춘원
인 쇄	상림사 (02-2267-5081)
표지사진	조순아 작가
펴낸곳	스파크뉴스
주 소	서울특별시 강남구 역삼로 34길 8(삼원빌딩 3층)
전 화	02-560-9500
홈페이지	www.spaknews.com
이메일	codi@jobcodi.co.kr

「이 도서의 국립중앙도서관 출판예정도서목록(CIP)은 서지정보유통지원시스템
홈페이지(http://seoji.nl.go.kr)와 국가자료공동목록시스템(http://www.nl.go.kr/kolisnet)에서
이용하실 수 있습니다.(CIP제어번호: CIP2018011310)」

ⓒ 저자와의 협약에 의해 인지는 생략되었습니다.
이 출판물은 저작권법에 의해 보호를 받는 저작물이므로 무단으로 전재하거나 복제할 수 없습니다.

책 값   뒷표지에 있습니다.
ISBN   979-11-963110-1-8   03300

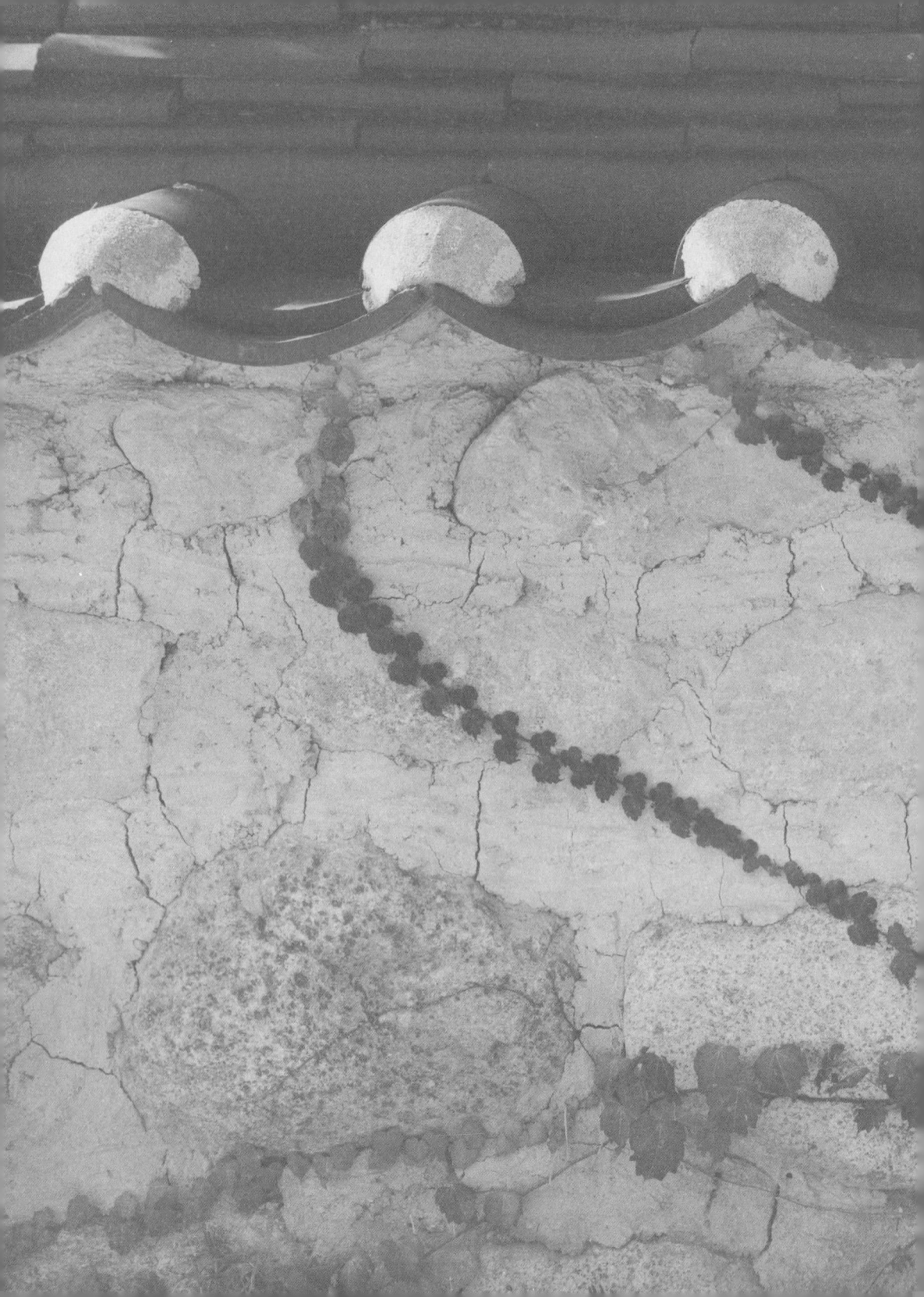

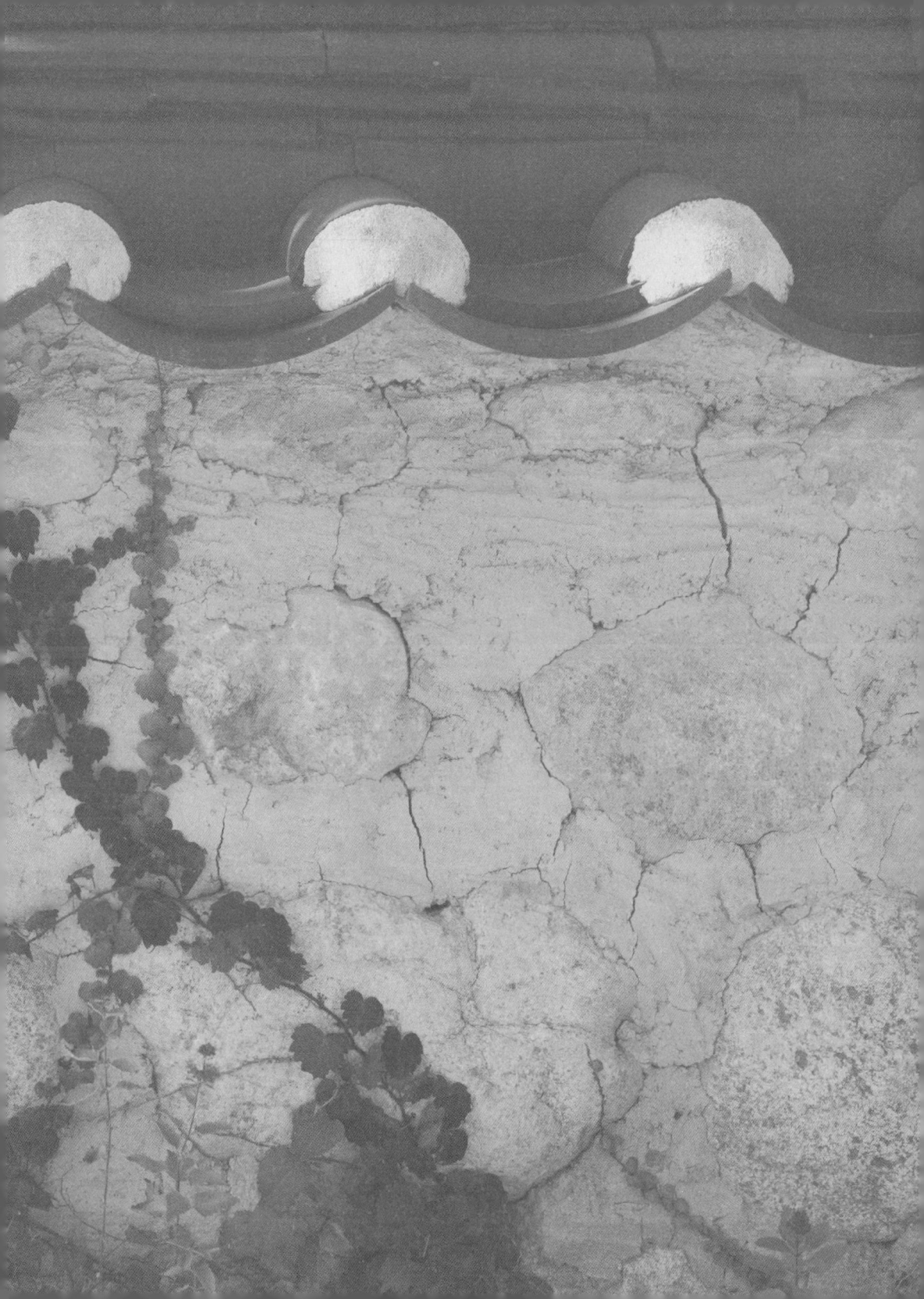